Bibliografische Information der Deutschen Nationalbibliothek:
Die Deutsche Nationalbibliothek verzeichnet diese Publikation in der Deutschen Nationalbibliografie; detaillierte bibliografische Daten sind im Internet über http://dnb.d-nb.de abrufbar.

© 2014 Sandra Cramm
Fotos und Layout: Sandra Cramm
www.seifenklassiker.de

Herstellung & Verlag: BoD™ – Books on Demand, Norderstedt
Printed in Germany
ISBN: 9-783735-725165

Die Rezepte wurden nach bestem Wissen und Gewissen erstellt und von der Autorin getestet. Trotzdem erfolgt jede Verwendung auf eigene Gefahr, es kann keine Haftung für eventuell auftretende Schäden übernommen werden. Vor der Verwendung von ätherischen Ölen sollte im Zweifel immer ein Arzt zurate gezogen werden. Die Beschreibungen der verwendeten Kräuter beruhen auf traditionellen Anwendungsgebieten und Überlieferungen, ihre Verwendung ersetzt keinen Besuch bei einem fachkundigen Arzt.

Sandra Cramm

Hexenseifen

PFLEGENDE KRÄUTERSEIFEN MIT DER MAGISCHEN
KRAFT DER NATUR

15 NATURSEIFENREZEPTE

Inhaltsverzeichnis

Inhaltsverzeichnis	5
Warum Hexenseife?	6
Die Seifenherstellung	7
Kaltverseifung	7
Heißverseifung	8
Glyzerinseife	8
Verarbeitung der Kräuter	9
Ölauszug (Mazerat)	9
Alkoholauszug (Tinktur)	10
Wässriger Auszug (Sud)	11
Pflanzenteile	11
Honig, Milch, Meersalz, Tonerde…	11
Woher bekomme ich die Kräuter?	12
Utensilien	13
Bekleidung und Schutz	13
Geräte	14
Magische Rituale	15
Rezepte	17
Samhain	18
Julfest	22
Imbolc	26
Ostara	30
Beltane	34
Litha	38
Lughnasadh	42
Mabon	46
Gesundheit	50
Glück	54
Schutz	58
Erfolg	62
Liebe	66
Reinigung	70
Divination	74
Seifenfotos	78 - 80
Literaturtipps	81

Warum Hexenseife?

Die Verwendung von Kräutern zur Heilung und Pflege des Körpers war den Menschen schon vor tausenden von Jahren bekannt. Die alten Ägypter, die Babylonier, die Inder oder auch die Chinesen beschrieben in alten Schriften die Verwendung von Pflanzen und haben dieses Wissen bis in heutige Zeit überliefert. Es zeigt sich, dass unabhängig von der Kultur der Völker eine medizinische und magische Anwendung von Blättern, Blüten, Wurzeln und anderen Pflanzenteilen bei den Menschen schon vor ewigen Zeiten geschätzt und praktiziert wurde.

Heute spielt die Phytotherapie wieder eine größere Rolle, auch wenn Heilpflanzen oft durch standardisierte Wirkstoffpräparate ersetzt werden. Es lohnt sich, das alte Kräuterwissen der Großmütter und Hexen wieder in Erinnerung zu rufen und die heilende Wirkung der Pflanzen für Körper und Seele zu nutzen. Viele Pflanzen wachsen direkt vor unserer Haustür, oft als Unkraut unbeachtet am Wegesrand.

Dabei schlummert in ihnen eine großartige Kraft, die wir uns zunutze machen können. Viele Kräuter enthalten Stoffe die entzündungshemmend, adstringierend, pilztötend, beruhigend oder tonisierend wirken.

Die Zauberkräfte bestimmter Pflanzen liegen für uns heute hingegen oft unter einem Schleier verborgen, obwohl einige von ihnen seit jeher für Zauberer, Hexen, Magier und Druiden eine große Bedeutung hatten und haben.

Ob Ringelblume, Eisenkraut oder Veilchenwurzel, ob Efeu, Brennnessel oder Bärlapp: In der traditionellen Art des Seifesiedens können all diese magischen Pflanzen ihre volle Kraft entfalten. Selbst Goethe wusste um die Seele der Pflanzen, er erkannte die unterschiedlichen Stimmungen, die von verschiedenen Pflanzen ausgehen. Begeben wir uns also auf diese Reise voller Magie, besonderer Stimmungen und Pflanzenkraft.

Die Seifenherstellung

Kaltverseifung

Die schonendste und auch allgemein bekannteste Art der Herstellung von Naturseifen ist die Kaltverseifung. Hierbei werden Lauge und Fette etwa handwarm abgekühlt und dann verrührt, bis eine puddingähnliche Masse entsteht. Diese wird dann in Formen gegossen in denen sie dann innerhalb weniger Stunden fest wird. Bis die chemische Reaktion vollständig abgeschlossen ist und die Seife eine ausreichende Milde erhalten hat, gehen noch 6-12 Wochen ins Land, in denen die Seife reifen muss.

Dieses Verfahren eignet sich besonders, wenn empfindliche Kräuteröle und Mazerate verwendet werden sollen, sowie zur Zugabe von feinen weichen Pflanzenteilen wie beispielsweise Blütenblätter, die sich gut verteilen können. Diese Methode wird als klassisches Verfahren am häufigsten in diesem Buch zu finden sein.

Vorteile:

- Öle werden schonend verarbeitet.
- Die Seifenmasse lässt sich gut gießen und einformen.
- Pflanzenteile verteilen sich gleichmäßig.
- Es ist kein stundenlanges Erhitzen der Seifenmasse nötig, die Herstellung geht recht schnell.

Nachteile:

- Nicht alle Kräuterzusätze lassen sich auf diese Weise gut verarbeiten (z.B. Rinden, die Gerbsäuren enthalten).
- Manchmal trennt sich die Seife in der Form (z.B. bei Zugabe von Tonerde oder Kohle).
- Die Seife braucht eine relativ lange Reifezeit von 6-8 Wochen.

Heißverseifung

Bei der Heißverseifung wird das Fett-Lauge-Gemisch zunächst wie bei der Kaltverseifung zusammengerührt und dann über einige Stunden erhitzt, um den Prozess der Verseifung zu beschleunigen. Die Seife ist danach im Grunde fertig verseift, jedoch tun ihr etwa 2 Wochen Reifezeit ganz gut, um noch milder zu werden.

Diese Methode eignet sich für einige pflanzliche Zusätze, die auf Grund ihres pH-Wertes (bestimmte Säuren, beispielsweise Gerbsäure) den Verseifungsprozess bei der Kaltverseifung unterbrechen und stören könnten, sodass die Seife sich in der Form trennt.

Vorteile:

- Die Seife kann bereits nach zwei Wochen verwendet werden.
- Fast alle Zusätze können eingearbeitet werden.

Nachteile:

- Die recht feste Konsistenz macht ein Einformen schwieriger.
- Empfindliche Öle sollten nicht so sehr erhitzt werden.

Glyzerinseife

Die Glyzerinseife oder auch Transparentseife wird mithilfe von Alkohol hergestellt, was uns die Möglichkeit gibt, auch alkoholische Tinkturen in der Seife zu verarbeiten. Die Herstellung erfordert jedoch etwas mehr Zeit, da zunächst eine fertige Seife im Heißverfahren hergestellt werden muss.

Manche Menschen empfinden Glyzerinseife als etwas austrocknend. Dies liegt nicht nur am Alkoholgehalt sondern oft auch daran, dass für eine wirklich transparente Seife keine oder nur eine geringe Überfettung vorgenommen werden darf, was uns jedoch nicht weiter stören soll. Unser Augenmerk liegt auf den Inhaltsstoffen, sodass wir eine „trübe" Seife in Kauf nehmen.

Vorteile:

- Alkoholische Tinkturen können verwendet werden.

Nachteile:

- Die Herstellung dauert mehrere Stunden.
- Alkohol kann die Haut unter Umständen austrocknen.

Verarbeitung der Kräuter

Ölauszug (Mazerat)

Hierbei werden Kräuter oder Pflanzenteile in ein Gefäß gefüllt und dann mit Öl aufgegossen. Das Verhältnis sollte hier bei etwa 1 Teil Pflanze zu 3 Teilen Öl liegen, auf jeden Fall aber müssen alle Kräuter komplett vom Öl bedeckt sein. Die Pflanzen dürfen nicht feucht sein, da das Öl ranzig oder gar schimmelig werden kann. Wenn frische Pflanzenteile verwendet werden, sollten diese zunächst 1-2 Tage Trocknungszeit bekommen. Schneller geht es im Backofen bei 50-80°C und geöffneter Tür, hier reichen meist 30-60 Minuten zur Trocknung. Die Kräuter füllt man nun in ein Schraubdeckelglas, beispielsweise ein ausgedientes Marmeladenglas.

Für einen Ölauszug eignet sich besonders Olivenöl, da es relativ stabil und haltbar ist, aber auch Rapsöl oder Sonnenblumenöl können verwendet werden. Das Öl kann leicht erwärmt werden (ca. 50°C) ehe es in das Glas zu den Kräutern gegossen

Ist der Auszug angesetzt, sollte dieser nicht zu kühl aber dunkel stehen, beispielsweise nahe der Heizung oder in der Nähe eines Ofens (jedoch nicht zu heiß werden lassen, Glasgefäße können bei einseitiger Hitze springen!).

Der Ansatz sollte mindestens jeden dritten Tag geschüttelt werden, insgesamt dauert der Auszug nun 2-4 Wochen. Nach Ablauf dieser Zeit wird das Öl filtriert und ist bereit zum Einsatz.

Im Grunde lassen sich alle Kräuter gut zu Ölauszügen verarbeiten, besonders aromatisch und auch in der Küche geschätzt sind Salbeiöl, Basilikumöl und Thymianöl. Solltest Du also etwas zu viel Öl angesetzt haben, verwende es doch das nächste Mal in der Küche, beispielsweise in einem Salatdressing.

Alkoholauszug (Tinktur)

Tinkturen werden in der Regel auch für die innere Einnahme hergestellt, beispielsweise kann aus Kräutertinkturen auch ein Magenbitter oder Likör entstehen. Hierfür muss ein hochprozentiger Trinkalkohol verwendet werden, der nachher mit Wasser auf etwa 40 vol% verdünnt wird. Da dieser Trinkalkohol auf Grund von Steuern und Abgaben sehr teuer ist, greift man in der Regel direkt auf Wodka oder Doppelkorn aus dem Supermarkt zurück, der mit 38-40 vol% bereits die gewünschte Alkoholkonzentration hat.

Allerdings bedeutet dies ebenso, dass neben den 40% Alkohol auch 60% Wasser enthalten sind, die unsere Seife stark verwässern würden. Stattdessen verwenden wir hochprozentigen Alkohol, der vergällt und somit nicht zur inneren Einnahme geeignet ist.

Verwenden kannst Du hierfür Ethanol oder Isopropylalkohol, die man im chemischen Handel bekommt.

Die Vorgehensweise ist ähnlich der des Ölauszuges. Man bedeckt 1 Teil Pflanzen mit 3 Teilen Alkohol, am besten verwendet man auch hierfür ein Schraubdeckelglas. Der Auszug dauert ca. 1-2 Wochen, das Gefäß sollte mindestens alle 3 Tage bewegt werden.

Der Alkoholauszug eignet sich nicht nur für Pflanzenteile wie Blätter und Rinden, sondern besonders für Harze wie Weihrauch oder Labdanum. Harze verbessern die Festigkeit und das Aussehen von Glyzerinseifen und wurden früher so gut wie immer zu deren Herstellung verwendet. Aber Achtung: Die verwendeten Gefäße lassen sich meist kaum reinigen, da sie von einer sehr klebrigen harzigen Schicht überzogen werden. Zur Reinigung von Gerätschaften und Gefäßen eignet sich einfaches Speiseöl, das die Harzschicht lösen kann. Spülmittel kann in der Regel nicht viel ausrichten.

Wässriger Auszug (Sud)

Diese Form des Pflanzenauszugs kennt jeder, der sich schon mal einen Tee zubereitet hat. Hierbei werden die Pflanzenteile mit kochendem Wasser übergossen und einige Minuten stehen gelassen, bis die Pflanzenteile abgesiebt bzw. herausgenommen werden können. Dieser Sud kann bei der Seifenherstellung zum Auflösen des NaOH bzw. KOH verwendet werden und bildet dann die Lauge. Vorher muss der Sud jedoch völlig abgekühlt sein, da die Lauge sonst stark erhitzen und überschäumen kann. Um möglichst wenig Kalk und andere gelöste Stoffe zu verarbeiten, sollte für einen Sud nur destilliertes Wasser oder Regenwasser verwendet werden.

Erhitze etwa die doppelte Menge des im Rezept angegeben Wassers in einem Topf auf dem Herd. Gib eine Handvoll Kräuter hinzu und koche alles ca. 2 Minuten auf. Dann stellst Du den Herd ab und lässt alles noch ca. 10 Minuten ziehen. Nachdem die Kräuter abgesiebt wurden, muss der Sud abkühlen.

Pflanzenteile

Natürlich können auch ganze Pflanzenteile bei der Seifenherstellung verwendet werden. Allerdings sollten die Stücke nicht zu grob sein, die man im Seifenleim versenkt, da der starke Peelingeffekt nachher die Haut reizen kann. Pflanzenmaterial sollte zu feinem Pulver zermahlen werden oder sehr weich sein, wie z.B. Blütenblätter.

Geeignet sind beispielsweise Rosenblätter, Ringelblumenblüten sowie gemahlene Lavendelblüten und getrocknete und gemahlene Blätter (Brennessel, Salbei etc.).

Honig, Milch, Meersalz und Tonerden…

… sind nur einige der weitere Zusätze, die in hautpflegenden Seifen verwendet werden können. Milch macht die Haut geschmeidig, Honig enthält Polyphenole und Flavone, die entzündungshemmend wirken. Meersalz entschlackt und wirkt dank seinem Gehalt an Mineralien tonisierend auf die Haut. Tonerde kann helfen, Pickelchen loszuwerden und fettige Haut zu beruhigen.

Woher bekomme ich die Kräuter?

Am besten ist es natürlich, die Kräuter und Pflanzen frisch aus der Natur zu holen. Wer auf dem Land wohnt, kennt sich in seiner Umgebung vielleicht schon etwas aus, aber auch für Stadtbewohner lohnt sich ein Ausflug am Wochenende.

Es ist zunächst darauf zu achten, dass man keine Pflanzen im Naturschutzgebiet oder auf Privatgrundstücken pflückt (außer natürlich, man hat die Erlaubnis vom Eigentümer). Außerdem sollten Kräuter auch nicht an den Rändern stark befahrener Straßen geerntet werden um Schadstoffbelastung zu vermeiden. Es gilt der Leitsatz, dass stets nur soviel gepflückt wird, wie man wirklich verarbeiten kann und immer so wenig, dass der Pflanzenbestand an dieser Stelle nicht gefährdet wird.

Pflücke nur an sonnigen Tagen und nicht im Regen oder bei Nebel, da dies die Qualität der Pflanzen beeinträchtigt und sie zu Schimmelbildung neigen. Die besten Zeiten sind vormittags und am späten Nachmittag, da besonders im Sommer die Mittagshitze die Kräuter etwas schlappwerden lässt.

Recht einfach zu finden sind Brennnessel, Spitzwegerich, Gänseblümchen, Schafgarbe, Efeu, Birke, Kiefer, Linde oder Heide. Erkundigen Dich jedoch vorher, welche Arten geschützt sind und nicht überall gepflückt werden dürfen. Frische Kräuter sollten vor der Verwendung ebenfalls 1-2 Tage trocknen dürfen um den Gehalt an Feuchtigkeit etwas zu reduzieren.

Viele Pflanzen kann man im Gartencenter kaufen, hierzu zählen Lavendel, Zistrose, Hibiskus und noch viele mehr.

Manche Kräuter bekommt man sogar ganz einfach frisch im Supermarkt als Gewürz, beispielsweise Rosmarin, Basilikum oder Salbei.

Natürlich kann man jede der in diesem Buch verwendeten Pflanzen auch eben so gut in getrockneter Form verwenden, eine große Auswahl findet man im Internet. Als Tee, Räucherwerk oder getrocknetes Gewürz bekommt man zum Beispiel Kamillenblüten, Gelbholz, Oregano und sehr viele mehr.

Utensilien

Bekleidung und Schutz

Da mit hochgradig ätzender Lauge gearbeitet wird, ist Schutzkleidung absolut Pflicht. Auch die Arbeitsflächen in der Küche sollten geschützt werden, während der Arbeit sollte man essen und trinken vermeiden. In diesem Moment ist die Küche ein Labor, d.h. auch Kinder, Tiere oder andere Gäste haben hier nichts verloren. Du brauchst:

- Eine Schutzbrille (Laugespritzer in den Augen können im schlechtesten Fall zur Erblindung führen)

- Einen langärmeligen Kittel (nicht zuletzt zum Schutz der Kleidung)

- Handschuhe (Lauge auf der Haut kann zu schwerwiegenden Verätzungen führen)

- Küchenkrepp um etwaige verschüttete Seife oder Lauge direkt wegzuwischen

- Essig um Lauge und frische Seife zu neutralisieren

Zieh Schutzbrille, Handschuhe und Kittel an, bevor Du mit dem Abwiegen von Lauge und weiteren Zutaten beginnst.

Spritzer auf Oberflächen kannst Du mit Küchenkrepp und Essig abwischen, damit wird der pH-Wert neutralisiert und Du musst nicht befürchten, dass die Oberfläche zu sehr angegriffen wird. Wenn Du dies vermeiden möchtest, solltest Du grundsätzlich die nähere Umgebung um den Herd mit Zeitungspapier abdecken. Aber Vorsicht wenn Du einen Gasherd hast, nicht dass die Zeitung Feuer fängt!

Geräte

Alle Gerätschaften sollten grundsätzlich nur zur Seifenherstellung verwendet werden und nicht mehr für die Zubereitung von Lebensmitteln. Die wichtigsten sind:

- Großer Topf aus Edelstahl oder Emaille (kein Aluminium verwenden!)
- Stabmixer
- Waage mit grammgenauer Anzeige
- 1-2 Kunststofflöffel
- 1 temperaturbeständiger Gummispatel
- 2-3 Plastikbehälter (große ausgespülte Joghurtbecher oder ähnliches)
- 1-2 große Schraubdeckelgläser
- Je nach Rezept weiteres Zubehör wie Stäbchen zum Marmorieren oder Gefäße zum Aufteilen und Färben des Seifenleims.

Die Fette und Öle werden ebenso wie die NaOH-Pellets und das Wasser mithilfe der Waage möglichst genau abgewogen. Hier kannst Du alte Joghurtbecher und Kunststofflöffel zur Portionierung zur Hilfe nehmen.

Die festen Fette werden zuerst im Topf bei geringer Hitze auf dem Herd geschmolzen und die Öle danach hinzugegeben. Die NaOH-Lauge wird in einem Schraubdeckelglas angerührt, wobei stets NaOH-Pellets nach und nach zum Wasser hinzugegeben werden, nie umgekehrt. Dies sollte immer draußen an frischer Luft erfolgen, atme die Dämpfe dabei nicht ein.
Der Stabmixer wird schließlich zum Durchmischen von Fett/Öl und Lauge verwendet, mit Hilfe des Gummispatels lässt sich der Seifenleim gut aus dem Topf herausnehmen und in die Formen füllen.

Für blutige Seifenanfänger empfehle ich zunächst ein Einsteigerbuch mit leichten Rezepten, beispielsweise „Seife sieden für Einsteiger - Schritt für Schritt Anleitungen".

Magische Rituale

Für die Verarbeitung von Kräutern und die Herstellung von magischen Seifen gibt es sicher unendlich viele Ideen für Rituale und Möglichkeiten der energetischen Aufladung. Hierüber sind viele umfassende Bücher geschrieben worden, sodass ich mich hier auf das Wesentliche, die Seifenrezepte beschränken möchte. Jeder muss seinen eigenen Weg finden, mit Magie umzugehen, als kleine Hilfe folgen hier einige Anregungen und grundsätzliche Überlegungen dazu.

Das Wasser

Am besten ist es natürlich, Du verwendest Regenwasser aus der Natur. Es gibt die Möglichkeit, Wasser durch Sonnen- oder Mondlicht aufzuladen, aber auch die Verwendung von Heilsteinen (z.B. Quarz) kann zur Energetisierung des Wassers beitragen. Je nachdem, für welche Seife bzw. welches magische Ziel das Wasser verwendet werden soll, kannst Du Dir die Kräfte der Steine zunutze machen.

Vor der Verwendung solltest Du das Wasser jedoch auf jeden Fall noch einmal durch einen Teefilter gießen, um grobe Verschmutzungen, Pollen oder gar kleine Tiere zu entfernen.

Die Kräuter

Es gibt eine Menge mögliche Rituale, wenn Du Kräuter und Pflanzen frisch der Natur entnimmst. Überliefert sind beispielsweise die Sammelrituale der keltischen Druiden, die sich in der Morgen- sowie Abenddämmerung auf den Weg machten und sowohl die Jahreszeit, den Mondzyklus, die Tageszeit als auch den Tierkreis beachteten. Sie trugen meist ein weißes Gewand und näherten sich barfuß um nach einem kurzen Zauberspruch das Kraut zu schneiden bzw. die Wurzel auszugraben.

Du solltest Dich auf jeden Fall auf die Pflanze einlassen und spüren, welche Ausstrahlung sie für Dich hat und für welche Magie Du sie nutzen möchtest. Beispielsweise steht die Kamille für die Sonne und das Element Wasser,

außerdem ist sie als maskulin beschrieben. Fühlst Du diese Eigenschaften? Und wenn nicht, was bedeutet diese Pflanze für dich, hat sie eine hohe oder niedrige Schwingungsenergie und fühlt sich diese für Dich kalt oder heiß an?

Weihen von Zutaten und Gegenständen

Natürlich ist es in den meisten Fällen nötig, die Zutaten einfach zu kaufen. Die wenigsten haben Wald und Wiese oder gar eine Ölmühle direkt vor der Tür. Auch die Utensilien zur Herstellung waren sicher schon einmal in Gebrauch, sodass sich vielleicht zunächst ein Reinigungsritual mit Salz und Wasser empfiehlt.

Wie intensiv die Weihung und Reinigung Deiner Zutaten und Gegenstände ausfällt, entscheidest Du allein. Willst Du das Ritual bei Vollmond oder an einem bestimmten Festtag des Jahreskreises durchführen, willst Du einen magischen Kreis ziehen und die Himmelsrichtungen anrufen, Dir beizustehen? Oder reicht dir eine kleine Magie „zwischendurch", ein paar Kerzen und Dein ganz persönlicher Spruch dazu?

Die Seife

Die fertige Seife kann ebenfalls noch Deine ganz persönliche magische Note bekommen. Vielleicht hast Du Lust, sie in handgeschöpftes Papier zu wickeln, mit Blütenblättern voll selbst gepflückter Blumen und Gräsern darin? Auch ein „Abschlussritual" mit einer Räucherung ist möglich, beispielsweise bei Vollmond im sommerlichen Garten.

Es gibt eine Menge Symbole, die du ebenfalls in die Seife ritzen kannst, beispielsweise für Planeten, die Göttin oder den Gott, verschiedene Runen und ähnliches.

Du solltest aber auf jeden Fall daran denken, die Seife mit Namen und Inhaltsstoffen zu beschriften, am Besten noch das Herstellungsdatum dazu, damit Du auch später möglichst genau nachvollziehen kannst, wo die Seife hergekommen ist.

Wenn Du das Rezept nach Deinen Wünschen etwas abgewandelt haben solltest, kannst Du es in Deinem Buch der Schatten noch einmal verewigen. Aber Achtung: Die Menge an Öle und Fetten darf nicht einfach so verändert werden, da sonst die Menge NaOH nicht mehr stimmt und die Seife eventuell zu scharf wird!

Rezepte

Die nun folgenden Rezepte sind nicht immer ganz einfach nachzumachen. Es werden viele verschiedene Öle verwendet, die Kräuter müssen auf unterschiedlichste Art und Weise vorbereitet werden und auch die Marmoriertechniken sind nicht ganz leicht ohne Übung nachzumachen.
Wenn Du AnfängerIn in der Kunst der Seifenherstellung bist, dann lass Dich davon nicht entmutigen. Die Rezepte sollen vor allem Anregung sein, selbst zu experimentieren, sich schöne und für einen selbst sinnvolle Kräuter- und Ölmischungen zusammenzustellen.

Auf Seite 80 findest Du eine Liste von Seifenrechnern im Internet, mit deren Hilfe Du eigene Kreationen entwickeln kannst. Lass Dich einfach inspirieren, spüre die kreative Energie und die Kraft der Natur, die während des schöpferischen Prozesses in Dir wirken.

Auch eine schlichte, relativ einfache Seife kann eine enorme Wirkung haben, wenn sie mit Liebe und Hingabe und Deiner eigenen Hände Kraft entstanden ist. Beispielsweise ist eine Seife aus 20% Kokosfett und 80% Olivenöl, völlig unbeduftet, eine pure und zarte Pflege für die Haut und als Einsteigerseife ideal! In einer lauen Vollmondnacht gerührt... Was kann es schöneres geben.

Nun aber viel Spass beim Schmökern und inspirieren lassen. Ich wünsche Dir schöne Jahreskreisfeste und was sonst noch zu einem magischen Hexenjahr dazugehört!

Samhain

200g Kokosöl
150g rotes Palmöl
150g Distelöl
150g Kürbiskernöl
150g Maiskeimöl
150g Erdnussöl
50g Rizinusöl

20g Salbeiöl
20g Sandelholzöl
10g Macisöl
5g Pfefferminzöl

140g Natriumhydroxid (NaOH)
350g Efeu- und Muskatnusssud
(aus 450ml Wasser)

1 Handvoll Efeublätter
1 Muskatnuss
2 TL Kohle
2 EL gemahlene Ringelblumen

- Zunächst die Efeublätter und die Muskatnuss kleinschneiden und mit etwa 450ml Wasser für 5 Minuten aufkochen und dann 15 Minuten ziehen lassen. Nun die Pflanzen abseihen, den Sud abkühlen lassen und 350g abwiegen. Mit NaOH zur Laugen anrühren und abkühlen lassen.

- Die festen Fette (Kokos- und Palmöl) bei geringer Hitze im Topf schmelzen lassen, anschließend die weiteren Öle hinzugeben und alles auf Handwärme abkühlen lassen.

- Lauge und Fette vermischen und mit dem Pürierstab nicht ganz bis zum Puddingstadium mixen.

- Die ätherischen Öle am besten mit einer kleinen Menge Öl anmischen und nun in den Seifenleim rühren.

- Nun den Seifenleim auf zwei Hälften aufteilen, jeweils zu einer Hälfte die Kohle und zur anderen das Ringelblumenpulver geben. Die Kohle sollte vorher mit einer kleinen Menge Wasser angerührt werden.

- Die Seifenleime abwechselnd in schmalen Linien in eine Kastenform geben und mit einem Holzstäbchen senkrecht dazu marmorieren.

- Die Seife etwa 24 Stunden festwerden lassen, dann ausformen und in Stücke schneiden.

Tipp: Anleitungen und Videos zur Marmorierung findest Du im Internet beispielsweise unter dem Stichwort „Peacock Swirl".

An Samhain endet die helle Jahreshälfte, gleichzeitig beginnt das Hexen-Neujahr. Die Sonne steht im Skorpion und der Vollmond des Jägers (*hunters moon*) wirft sein Licht durch die blassen Nebel des Novembers.

Samhain ist auch mit dem Wort sammeln verwandt, besonders Nüsse werden als klassische Totenspeise zu diesem Fest gereicht. Hierzu zählen **Erdnuss** und **Muskatnuss** ebenso wie die **Kokosnuss**. Weitere traditionelle Speisen sind **Mais** und **Kürbis**. Bei den Kelten war es Brauch, dass Kinder ihre Gesichter mit der Kohle des Samhain-Feuers schwärzten und von Haus zu Haus zogen um Äpfel, Nüsse oder Süßigkeiten geschenkt zu bekommen. Dazu höhlte man Kohlrüben aus, die mit geschnitzten Fratzen und einer entzündeten Kerze darin als Wegleuchten dienten. Heute hat sich dieser Brauch abgewandelt, es werden nun Fratzen in Kürbisse geschnitzt und vor die Tür gestellt, um böse Geister abzuhalten.

Die Farben von Samhain sind traditionell **schwarz** und **orange**, als Räucherwerk verwendet man **Salbei**, **Pfefferminze** und **Sandelholz**.

Salbei gilt als Mittel für ein langes Leben und sogar Unsterblichkeit. Die Pfefferminze hebt die Schwingungen in der Umgebung an, wodurch es zur Unterstützung der Zauberei dient. Sandelholz besitzt hohe spirituelle Schwingungen, wird gerne bei Vollmondritualen verbrannt und dient außerdem zu atmosphärischen Reinigungen.

Disteln werden seit jeher zur Auflösung von Verhexungen verwendet, streut man sie in die Wohnung, werden dunkle Mächte vertrieben.

Efeu wird oft als traditioneller Glücksbringer mitgeführt, er bewahrt vor Negativität und Katastrophen. Um Türpfosten gewickelte **Ringelblumen** bewahren das Haus vor dem Eindringen böser Mächte und berührt ein Mädchen die Blume mit den Füßen, ist sie in der Lage, die Sprache der Vögel zu verstehen.

Ritualkräuter	Eicheln und Eichenblätter, Äpfel, Ginster, Tollkirsche, Diptam, Farn, Flachs, Erdrauch, Erika, Alraune, Königskerze, Salbei, Kürbis, Nüsse, Distel, Chrysantemen und Stroh.
Räucherwerk	Apfel, Heliotrop, Minze, Muskat, Pfefferminze, Sandelholz und Salbei.
Edelsteine	Jet, Obsidian, Onyx.
Gottheiten	Hekate, Morrigan, Cernunnos und Osiris.
Farben	Schwarz und Orange.
Speisen	Äpfel, Mohnkuchen, Haselnüsse, Mais, Kürbis, Preiselbeermuffins, Apfelmost und Kräutertee (Beifuß).

Das spielende Kind, das neckend hier
sein Schneckenhäuschen geschleudert hat,
die glühende Braut, die lächeln Dir
von der Ringelblume gab Blatt um Blatt.
Der Sänger, der mit trunkenem Aug,
das Metrum geplätschert in Deiner Flut,
sie alle dahin wie Rauch!

ANNETTE VON DROSTE-HÜLSHOFF (1797-1848)
-
AM BODENSEE

Julfest

400g Palmöl
100g Kokosöl
100g Erdnussöl
100g Macadamiaöl
100g Mandelöl
100g Walnussöl
100g Rizinusöl

20g Zedernholzöl
20g Blutorangenöl
10g Kaffeebohnenöl
10g Rosmarinöl

138g Natriumhydroxid (NaOH)
520g Wasser
550g Pflanzentinktur
260g Glyzerin
300g Zucker

5g Myrrhe
5g Kiefernharz
5g rote Tonerde
2 Tonkabohnen

- Die Lauge mit NaOH und 350g Wasser anrühren. Wenn Du möchtest, kannst Du anstelle des Wassers auch einen Sud aus Walnussblättern, Zedernholz, Rosmarin oder anderen für Dich passenden Kräutern und Pflanzen kochen. Dieser muss danach aber gut abkühlen.

- Die festen Fette (Palmöl und Kokosöl) bei geringer Hitze auf dem Herd schmelzen lassen, danach die anderen Öle hinzugeben.

- Die Lauge zu den Fetten geben und mit dem Stabmixer bis zum Puddingstadium rühren.

- Den Topf mit dem Seifenleim nun für insgesamt 2,5-3 Stunden bei 90°C in den Backofen stellen. Alle 45 Minuten umrühren.

- Die Masse ist fertig verseift, wenn sie eine gelartige, leicht transparente Form angenommen hat. Nun wird die Seife mit 400g der Tinktur aus Myrrhe, Kiefernharz, roter Tonerde und Tonkabohnen gelöst. Diese Tinktur solltest Du ca. 2 Wochen vorher mit Isopropylalkohol angesetzt haben, sodass Du sie jetzt nur abseihen musst und direkt verwenden kannst.

- Nachdem Du die Tinktur zur Seife gegossen hast, rührst Du am besten zunächst per Hand um. Der Topf sollte bei kleiner Hitze auf dem Herd stehen. Lass alles etwas erwärmen und setz dann einen Deckel auf den Topf, atme die alkoholischen Dämpfe nicht ein und lüfte gut.

- In einem weiteren Topf erhitzt Du die restlichen 150g der Tinktur auf ca. 60°C und gibst das Glyzerin hinzu.

- Die Seifenlösung kann nun mit einem Stabmixer durchgerührt werden, damit sich die ganze Seife löst und eine homogene Masse entsteht.

- Zunächst wird alles noch etwas trüb sein, aber mit der Zeit setzt sich oben eine schaumige Schicht ab unter der die Lösung klar ist. Gib nun die Alkohol-Glyzerinmischung hinzu.

- Nun erwärmst Du die restlichen 170g Wasser bzw. den Sud und löst darin 300g Zucker. Diese Zuckerlösung gibst Du schließlich zur Seifenmasse hinzu.

- Zum Schluss gibst Du die Mischung ätherischer Öle aus Zedernholzöl, Blutorangenöl, Kaffeebohnenöl und Rosmarinöl hinzu. Danach kannst Du die flüssige Seife in Formen gießen, sie braucht nun 24 bis 48 Stunden zum festwerden.

Tipp: Die Seife ist schneller fest und kann ausgeformt bzw. geschnitten werden, wenn Du sie für einige Stunden ins Tiefkühlfach legst.

Das Julfest begeht man zur Wintersonnenwende, der Tag mit der längsten und dunkelsten Nacht.

Ab jetzt wird es jeden Tag wieder heller, man feiert das wiedergeborene Kind der Sonne. Die britischen Kelten des Festlandes schmückten die Räume gerne mit Tannen- und Fichtenzweigen, in unserem Rezept symbolisiert durch **Kiefernharz** und **Zedernholz**.

Die Bohne hatte stets eine große Bedeutung, sie wurde als Symbol für die wiedergeborenen Ahnen in Kuchen und Brot eingebacken, in dieser Seife findet sich deshalb **Kaffeebohnenöl**.
Nüsse wie **Erdnuss**, **Macadamia**, **Mandel** und **Walnuss** sind traditionelle Speisen der Wintersonnenwende. **Myrrhe** dient der Reinigung, bevor der neue helle Teil des Jahreskreises beginnt, ebenso der **Rosmarin**.

Die **Tonkabohne** dient zum Einen der Anziehung von Liebe und Geld, aber auch dazu, neuen Mut zu schöpfen und Krankheiten abzuwehren.

Ritualkräuter	Lorbeer, Mariendistel, Zeder, Kamille, Immergrün, Weihrauch, Stechpalme, Wacholder, Mistel, Moos, Eiche, Pinienzapfen, Rosmarin, Kiefer und Salbei.
Räucherwerk	Lorbeerbeere, Zeder, Pinie, Kiefer, Wacholder, Myrrhe und Rosmarin.
Edelsteine	Katzenauge und Rubin.
Gottheiten	Lucina, Frey, Attis, Dionysos und Wotan.
Farben	Rot, Grün, Weiß, Gold und Silber.
Speisen	Truthahn und Pute, Nüsse, Obstkuchen, Äpfel, Apfelsinen, Kümmelbrötchen und Glühwein.

*Anmutig und Schalkhaft sind die Elfen,
nicht so die Erdgeister, sie dienen und helfen
treuherzig den Menschen. Ich liebte zumeist
die welche man Wichtelmännchen heißt.*

HEINRICH HEINE (1797-1856)
-
WALDEINSAMKEIT

Imbolc

600g Olivenöl
200g Kokosöl
200g fettes Lorbeeröl

20g ätherisches Lorbeeröl
20g Rosmarinöl
20g Canangaöl

138g Natriumhydroxid (NaOH)
350g Wasser

etwas Besenheide
6 Nelken
6 Sternanis

2 TL Zimtpulver
2 EL Milchpulver
2 TL Paprikapulver

- Die Besenheide, Nelken und Sternanis etwa 2-3 Wochen in Olivenöl ziehen lassen und so ein Mazerat herstellen. Das Öl nun durch ein Sieb oder einen Filter abseihen.

- Die Lauge aus NaOH und 350g Wasser anrühren und abkühlen lassen.

- Das Kokosöl bei geringer Hitze im Topf schmelzen lassen, anschließend das Olivenölmazerat und fettes Lorbeeröl hinzugeben und alles auf Handwärme abkühlen lassen.

- Lauge und Fette vermischen und mit dem Pürierstab nicht ganz bis zum Puddingstadium mixen.

- Die ätherischen Öle am besten mit einer kleinen Menge Olivenöl anmischen und nun in den Seifenleim rühren.

- Den Seifenleim auf drei Teile aufteilen, jeweils zu einem Teil Zimtpulver, Milchpulver und Paprikapulver hinzugeben. Die Pflanzenpulver zuvor mit etwas Öl zu einer geschmeidigen Paste verrühren, das Milchpulver hingegen mit etwas Wasser vermischen, Klümpchen vermeiden.

- Eine Blockform in drei Längskammern abteilen und die verschieden farbigen Leime dort einfüllen. Dann die Abtrennung herausnehmen und quer dazu mit einem Stäbchen marmorieren.

- Die Seife etwa 24 Stunden festwerden lassen, dann ausformen und in Stücke schneiden.

Tipp: Anleitungen und Videos zur Marmorierung findest Du im Internet beispielsweise unter dem Stichwort „Taiwan Swirl".

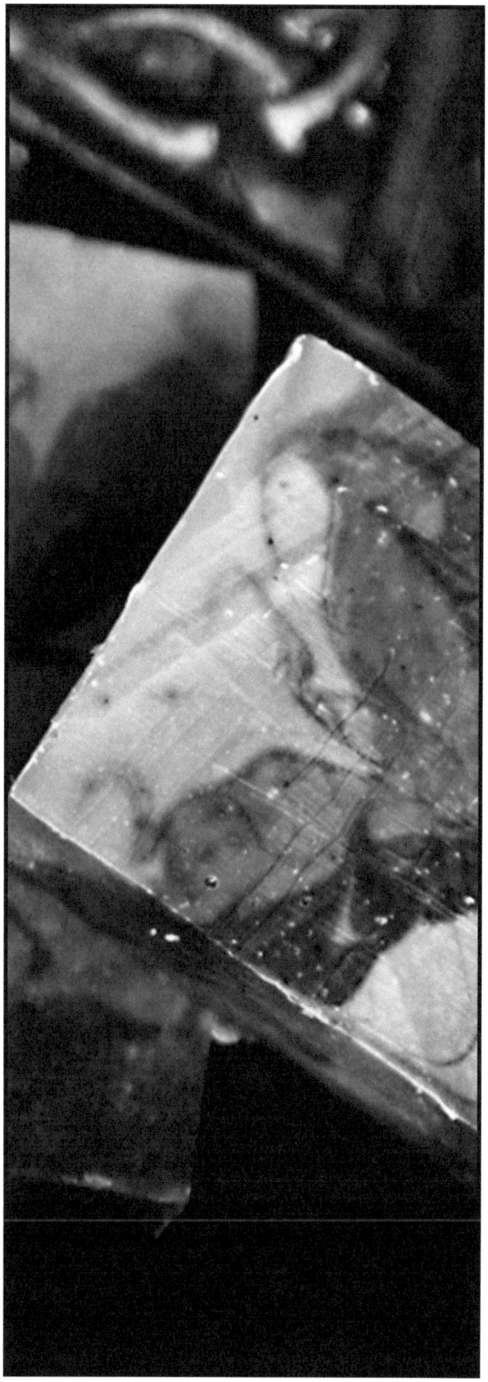

Imbolc ist ein Reinigungsfest und wurde besonders in Irland traditionell beim ersten Milchgeben der Schafe gefeiert. Auch heute noch wird es als Fest der heiligen Brigid gefeiert. Außerdem steht es für Fruchtbarkeit, weshalb man oft Strohpuppen bastelte um sie bei verschiedenen Ritualen zu verwenden. Imbolc ist außerdem auch ein Lichtfest, weil nun die Tage länger werden und die Hoffnung auf einen baldigen Frühling erstarkt.

Lorbeer ist eine traditionelle Pflanze dieses Festes, da es ein hervorragendes Schutz- und Reinigungskraut ist, außerdem fördert es Hellsichtigkeit und schützt vor Poltergeistern.
Rosmarin ist ebenso ein häufig verwendetes Reinigungskraut, es stärkt im beginnenden Frühling den Antrieb und weckt unseren Lebenswillen.

Das australische **Canangaöl** öffnet uns geistig neue Wege, fördert eine positive Lebenseinstellung und das allgemeine Wohlbefinden.

Die **Heide** ist ein altes keltisches Symbol für die Unsterblichkeit der Seele, sie diente als Schutz der Reisenden und half bei Räucherungen, Geister zu sehen.
Nelkenöl hilft uns von alten Gedankenkonstrukten loszulassen und entfacht ein neues inneres Feuer in uns, voller Kraft und Vitalität. **Anisöl** hingegen beruhigt uns, entspannt durch seinen warmen vertrauten Duft und bereitet uns auf die warmen Sonnenstrahlen des Frühlings vor.

Mit **Zimt** und **Paprika** symbolisieren wir die Farben des Imbolcfestes, dazu kommt die **Milch**, die diesem Fest Namen und Bedeutung gegeben hat.

Ritualkräuter	Angelika, Basilikum, Lorbeer, Benzoe, Schöllkraut, Heidekraut, Myrrhe, Schneeglöckchen, Krokusse und gelbe Blumen.
Räucherwerk	Basilikum, Myrrhe, Rosmarin, Zimt und Glyzinie.
Edelsteine	Amethyst, Granat, Onyx, Türkis.
Gottheiten	Brigid und Aradia.
Farben	Weiß, Rot, Rosa, Braun.
Speisen	Samen (Kürbis, Sesam, Sonnenblume), Mohnkuchen, Kräutertee, Milchprodukte, Zwiebeln, Knoblauch.

Und so zog ich Kreis um Kreise,
stellte wunderbare Flammen,
Kraut und Knochenwerk zusammen:
Die Beschwörung war vollbracht.
Und auf die gelernte Weise,
grub ich nach dem alten Schatze
auf dem angezeigten Platze:
schwarz und stürmisch war die Nacht.

JOHANN WOLFGANG VON GOETHE (1749-1832)
-
DER SCHATZGRÄBER

Ostara

200g Sonnenblumenöl
200g Hanföl
200g Avocadoöl
150g Kokosöl
150g Kakaobutter
100g Palmkernöl

25g Sandelholzöl
15g Rosenduftöl
10g Orangenblütenöl
5g Fliederduftöl

140g Natriumhydroxid (NaOH)
350g Wasser

1 Handvoll duftende Blüten (Jasmin, Iris, Veilchen, Rose…)
2 TL Algenpulver
2 TL grüne Tonerde

- Die duftenden Blüten für etwa 2 Wochen in Sonnenblumenöl einlegen. Danach abseihen, 200g Öl abmessen und verwenden.

- Die Lauge aus Wasser und NaOH anrühren und abkühlen lassen.

- Die festen Fette (Kokosöl, Palmkernöl und Kakaobutter) bei geringer Hitze im Topf schmelzen lassen, anschließend die weiteren Öle hinzugeben und alles auf Handwärme abkühlen lassen.

- Lauge und Fette vermischen und mit dem Zauberstab nicht ganz bis zum Puddingstadium mixen.

- Die Mischung ätherischer Öle per Hand unter den Seifenleim rühren.

- Nun den Seifenleim auf 3 Teile aufteilen, jeweils zu einem Teil das Algenpulver bzw. die grüne

Tonerde geben, einen Teil ungefärbt lassen. Tonerde und Algenpulver sollten vorher mit einer kleinen Menge Wasser angerührt werden.

- Die Seifenleime abwechselnd mittig übereinander in eine Kastenform gießen, schließlich mit einem Holzstäbchen von innen nach außen marmorieren.

- Die Seife etwa 24 Stunden fest werden lassen, dann ausformen und in Stücke schneiden.

Tipp: Anleitungen und Videos zur Marmorierung findest Du im Internet beispielsweise unter dem Stichwort „Column Swirl".

Ostara bezeichnet die Frühlingstagundnachtgleiche, der Höhepunkt der Herrschaft der schönen Brigid und die Zeit der verjüngenden, frischen grünen Frühlingskräuter. Die Farbe Grün symbolisieren neben **Tonerde** und **Algen** das grüne **Hanföl**, sowie das grüne **Avocadoöl**.

Ostara ist der Beginn der hellen Jahreshälfte, der Beginn neuen Lebens und der erwachenden Natur, aber auch der oft beschrieben Frühlingsgefühle. Die germanische Göttin Ostara wird als Hase dargestellt, ebenso ein Fruchtbarkeitssymbol wie die Eier, die sich Hexen rotgefärbt als Symbol für neues Leben schenken. Die Wohnung wird mit den ersten Frühlingsboten, bunten duften Blüten und Blumen geschmückt. Hierfür steht die **Sonnenblume** ebenso wie **Flieder- ,Rosen– und Orangeblütenduft.**

Die **Iris** wird schon seit den Zeiten der alten Römer zur atmosphärischen Reinigung verwendet. Die drei Blütenspitzen der Iris symbolisieren Glauben, Weisheit und Heldenmut, somit können die Blüten zur Entwicklung dieser Tugenden eingesetzt werden.

Jasmin wird gerne in Liebeszaubern verwendet, da es die Anziehung von Seelenpartnern fördert. Wenn man die Blüten trägt oder verbrennt, bringen sie außerdem Wohlstand und Geldmittel. Das Verbrennen führt außerdem zu Wahrträumen in der Nacht. Das Tragen von **Veilchen** bietet Schutz vor bösen Geistern und wandelt Pech in Glück. Wenn man das erste Veilchen des Frühlings pflückt, wird einem der sehnlichste Wunsch erfüllt.

Badet man mit **Orangenblüten** oder wäscht man sich mit Orangeblütenwasser, so steigert dies die Attraktivität. **Rosen** bringen Schutz und schnelles Glück, aber auch für die Liebe sind sie ausgesprochen förderlich. Im Garten gesetzte Rosenstöcke ziehen Feen und Elfen an, am besten gedeihen hierbei angeblich gestohlene Pflanzen.

Ritualkräuter	Eicheln, Schöllkraut, Gänsefingerkraut, Krokus, Osterglocke, Bittersüß, Geißblatt, Iris, Jasmin, Rose, Erdbeere, Rainfarn und Veilchen.
Räucherwerk	Usambaraveilchen, Jasmin, Rose, Salbei, Sandelholz und Erdbeere.
Edelsteine	Amethyst, Aquamarin, Blutstein und roter Jaspis.
Gottheiten	Eostar, Ostara, die grüne Göttin und der Herr der grünen Wälder.
Farben	Grün, Gelb und Gold.
Speisen	Hartgekochte Eier, Honigkuchen, Waffeln, Früchte, grüne Gemüse und Milchpunsch.

Ich stieg den Berg hinauf am Ausgang der Stadt –
es war die Tag– und Nachtgleiche des Frühlings,
und draußen lag die alte Fee, die Erde,
und kochte ihre mitternächtlichen Zauberkräuter,
um am Morgen nach abgeworfenen Silberhaare
und ausgeglätteten Runzeln, schön umlockt
und bekränzt als eine junge Nymphe aufzustehen,
und ihre neugeborenen Kinder an ihrem schwellenden Busen zu tragen.

ERNST AUGUST FRIEDRICH KLINGEMANN (1777-1831)
-
DIE NACHTWACHEN DES BONAVENTURA (DREIZEHNTE NACHTWACHE)

Beltane

250g Kokosöl
200g Rapsöl
100g Borretschöl
150g Aprikosenkernöl
100g Wildrosenöl
90g Palmöl
100g Rizinusöl
10g Bienenwachs

25g Fliederduftöl
25g Rosenduftöl

140g Natriumhydroxid (NaOH)
350g Wasser

2 TL gemahlene Brennnesselblätter
2 TL Erdbeerpulver
1 EL Milchpulver

- Zunächst die Lauge mit Wasser anrühren und abkühlen lassen.

- Die festen Fette (Kokosöl, Palmöl und Bienenwachs) bei geringer Hitze im Topf schmelzen lassen, anschließend die weiteren Öle hinzugeben und alles auf Handwärme abkühlen lassen.

- Lauge und Fette vermischen und mit dem Mixstab nicht ganz bis zum Puddingstadium rühren.

- Die Mischung ätherischer Öle einrühren. Am besten zuvor mit einem kleinen Rest des fetten Öls anmischen.

- Nun den Seifenleim auf drei Teile aufteilen, jeweils zu einem Teil das Brennnesselpulver, das Erdbeerpulver und das Milchpulver geben. Diese Zusätze sollten vorher mit etwas Wasser zu Brei angerührt

werden, damit sie sich im Seifenleim besser verteilen können.

- Eine Kastenform mit länglichen Stegen (können auch aus Pappe sein) in drei Kammern trennen, die Seifenleime einfüllen und mit einem Holzstäbchen senkrecht zu den parallelen Farben marmorieren.

Tipp: Anleitungen und Videos zur Marmorierung findest Du im Internet beispielsweise unter dem Stichwort „Taiwan Swirl".

In der Nacht zum Mai tanzen die Naturgeister, Hexen und andere Wesen um große Maifeuer, das Elfenvolk schwärmt aus in die Nacht. Mit der Herrschaft des Belenos (Apollo) und der Blumengöttin Belisama (Dana) beginnt die helle und warme Jahreshälfte.

In der Walpurgisnacht wurden in keltischen Ländern alle Feuer gelöscht und bei Sonnenaufgang das sogenannte Beltane-Notfeuer neu entfacht. Menschen springen durch das Feuer oder treiben Tiere zwischen zwei Feuern hindurch, um den Teufel fernzuhalten. Alles junge Leben wird geehrt, es ist ein Fest der Fruchtbarkeit. Die Wohnung wird in diesen Tagen mit frischen Blumen geschmückt.

Die Farbe Rosa wird durch **Wildrosenöl** und **Erdbeerpulver** symbolisiert, die frischen Blumen und Blüten durch **Flieder- und Rosenduft**. Das dunkle Grün bekommt durch wilde **Brennnesseln** seinen Ausdruck, dazu das gelbe **Bienenwachs** und **Aprikosenkernöl**. Dazu natürlich **Milch**, als Zeichen der Fruchtbarkeit und der Nahrung, mit der die Kraft für den Sommer zurückkommt.

Die schutzbringenden Kräfte der Brennnessel sind in der Magie seit jeher bekannt.

Das Kraut dient zur Abwehr von Geistern, als Amulett dient es dazu, alles Negative von sich zu weisen und mit Schafgarbe kann es Ängste beschwichtigen. Die Aprikose versetzt sie in eine sanfte Stimmung, gerne wird sie auch zur Anziehung der Liebe verwendet. Flieder vertreibt das Böse überall dort, wo er gepflanzt wird. Wenn es in einem Haus spukt, stellt man frische Fliederblüten auf um das Haus zu reinigen.

Die Blätter der **Wildrose** werden für Heilzauber eingesetzt, ebenso wie ihre Früchte, die Hagebutten. Hagebuttentee vor dem Schlafengehen kann Wahrträume herbeiführen.

Zum Maifest ging man in aller Früh hinaus um im frischen Morgentau zu baden, damit man schön wird. Eine Seife, mit Regenwasser hergestellt, kann diesen alten Brauch unterstützen und wieder aufleben lassen.

Ritualkräuter	Mandel, Angelika, Esche, Hasenglöckchen, Gänsefingerkraut, Gänseblümchen, Weißdorn, Efeu, Spanischer Flieder, Ringelblume, Mädesüß, Primeln, Rosen, Waldmeister, und Klatschmohn.
Räucherwerk	Weihrauch, Flieder und Rose.
Edelsteine	Smaragd, oranger Karneol, Saphir und Rosenquarz.
Gottheiten	Flora, Diana, Artemis und Pan.
Farben	Dunkelgrün, Blau, Rosa und Gelb.
Speisen	Rote Früchte, (Kirschen und Erdbeeren) grüne Kräutersalate, Weinpunsch, Milch.

Die Wiese trägt den Rittersporn,
Die Distel blüht im hohen Korn,
Das heilige Tausendgüldenkraut
Liegt an den Wegen schon angebaut.
Es grünet der sanfte Spitzwegerich,
Schafgarbe duftet, das Veilchen verblich.
Mohnrose, die purpurne Ackerdirn,
Hob auf den Blutschweiß der Bauernstirn.
Im Monde singen die Grillen,
Jungähren die Körnelein stillen.

RICHARD BILLINGER (1893—1965)
-
MAILIED

Litha

400g Olivenöl
200g Aprikosenkernöl
200g Kokosöl
100g Mandelöl
100g Palmöl

20g Limonenöl
15g Rosenduftöl
20g Lavendelöl

140g Natriumhydroxid (NaOH)
350g Blütensud

1 Handvoll Gänseblümchen
1 Handvoll Kamillenblüten

1 TL grüne Tonerde
1 TL Indigopulver

- Zunächst die Gänseblümchen und Kamilleblüten mit etwa 450ml kochendem Wasser übergießen und dann 15 Minuten ziehen lassen. Nun die Pflanzen abseihen, den Sud abkühlen lassen und 350g abwiegen. Mit NaOH zur Lauge anrühren und abkühlen lassen.

- Die festen Fette (Kokos- und Palmöl) bei geringer Hitze im Topf schmelzen lassen, anschließend die weiteren Öle hinzugeben und alles auf Handwärme abkühlen lassen.

- Lauge und Fette vermischen und mit dem Pürierstab nicht ganz bis zum Puddingstadium mixen.

- Die ätherischen Öle am besten mit einer kleinen Menge Öl anmischen und nun in den Seifenleim rühren.

- Nun den Seifenleim auf drei Teile aufteilen, jeweils zu einer die Tonerde bzw. das Indigopulver geben (vorher mit etwas Wasser verrühren), ein Teil bleibt ungefärbt.

- Die Seifenleime abwechselnd in schmalen Linien in eine schräg gestellte Blockform geben, dabei die Schrägstellung nach jeder Leimfarbe verändern. Für die „Augen" ganz zum Schluss die Reste des Leims von oben in die gefüllte Blockform gießen.

- Die Seife etwa 24 Stunden festwerden lassen, dann ausformen und in Stücke schneiden.

Tipp: Anleitungen und Videos zur Marmorierung findest Du im Internet beispielsweise unter dem Stichwort „Tiger Swirl".

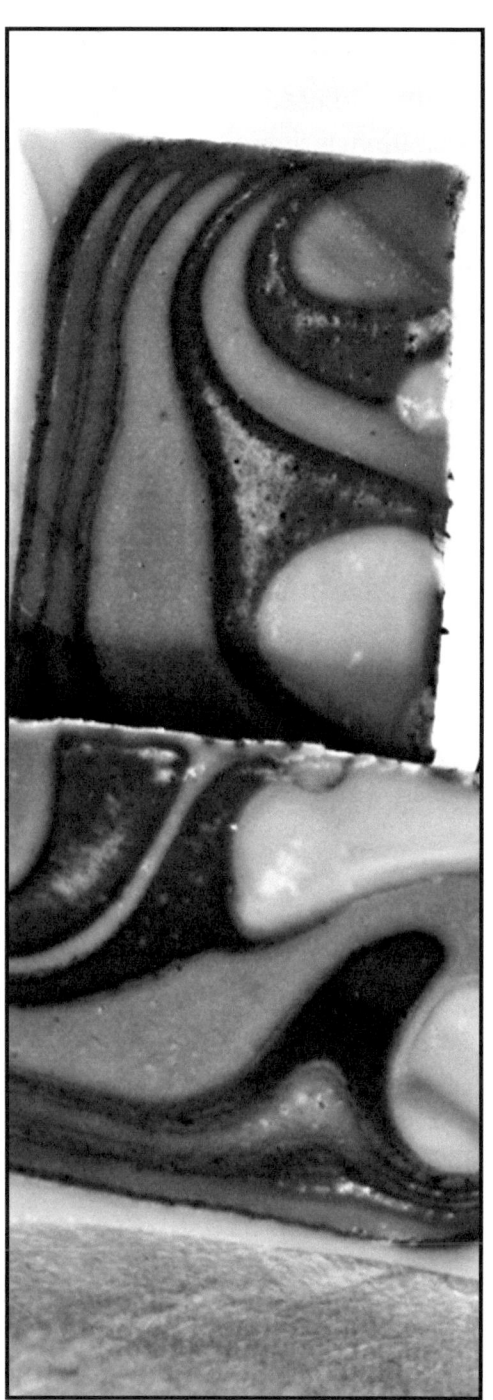

Das Lithafest bezeichnet Mittsommer, ein Fest das noch heute besonders in den Skandinavischen Ländern gerne gefeiert wird. Zur Sommersonnenwende erreicht die Sonne auf der Nordhalbkugel ihren höchsten Stand, wir spüren den Zauber der kürzesten Nacht des Jahres. Traditionell werden Freudenfeuer angezündet, man pflegt den Brauch, einen mit Blumen und Blättern geschmückten Baumstamm aufzustellen.

Die **Olive** steht für den Planeten Sonne und das Element Feuer, somit ein fantastischer Begleiter für dieses Fest. Sie steht für Heilung, Frieden und Fruchtbarkeit, alles für das man zur Sommersonnenwende für das restliche Jahr bittet. Die **Aprikose** hat die Kraft der Sonne in sich aufgesogen, fruchtig und reif wiegt sie sich im warmen Wind und steht für Liebe und Fruchtbarkeit.

Limonenöl macht fröhlich und leicht, damit harmoniert es hervorragend mit dem leicht euphorisierenden aber auch beruhigendem **Rosenöl** sowie dem **Lavendelöl**, das die Nerven stärkt und Ausgeglichenheit schafft.

Das **Gänseblümchen** bringt Glück und Liebe ins Haus, es steht für den Planeten Venus. Als Gegenspieler dient die sonnige, männliche **Kamille**, die schon vor langer Zeit dazu eingesetzt wurde, Flüche und Verhexungen abzuwenden.

Die Lithafarben grün und blau werden sowohl durch **Tonerde** als auch **Indigo** symbolisiert.

Ritualkräuter	Kamille, Gänsefingerkraut, Gänseblümchen, Lilie, Holunder, Fenchel, Rittersporn, Lavendel, Beifuß, Pinie, Rose, Johanniskraut, Thymian, Glyzinie und Eisenkraut.
Räucherwerk	Weihrauch, Limone, Myrrhe, Pinie, Rose, Lavendel und Glyzinie.
Edelsteine	Smaragd und Jade.
Gottheiten	Aphrodite, Astarte, Freya, Hathor, Ishtar und Venus.
Farben	Blau, Grün und Gelb.
Speisen	Frisches Gemüse, Sommerfrüchte, Pumpernickel, Bier und Met.

*Es wächst ein schönes Blümelein, das wächst auf grünen Auen,
von innen wie von Außen fein, gar lieblich anzuschauen,
bald bunt, bald rot und bald schneeweiß
ist es des Lenzes frühester Preis
des Herbstes letzte Freude.
Die kleinen Kinder die es sehn, die klatschen in die Hände
und schmeicheln: Oh Gänseblümchen schön! Oh Tausendschön! ohn Ende.
Sie winden es in jeden Kranz,
sie treten drauf bei jedem Tanz - das süße Tausendschönchen!*

Ernst Moritz Arndt (1769-1860)
-
Marienblümchen

Lughnasadh

400g Palmöl
150g Johannisbeerkernöl
150g Sonnenblumenöl
150g Kokosöl
150g Walnussöl

10g Grapefruitöl
10g Rosenduftöl
10g Geraniumöl
5g Vanilleduftöl

138g Natriumhydroxid (NaOH)
520g Wasser
550g Pflanzen- und Harztinktur
260g Glyzerin
300g Zucker

1 EL Myrrhe
1 Handvoll Besenheideblüten

- Myrrhe und Besenheide mit ca. 600ml Isopropylalkohol übergießen, um eine Tinktur herzustellen. Diese muss nun ca. 2 Wochen ziehen, dann kannst Du sie durch ein Tuch abseihen.

- Die Lauge mit NaOH und 350g Wasser anrühren.

- Die festen Fette (Palmöl und Kokosöl) bei geringer Hitze auf dem Herd schmelzen lassen, danach die anderen fetten Öle hinzugeben.

- Die Lauge zu den Fetten geben und mit dem Stabmixer bis zum Puddingstadium rühren.

- Den Topf mit dem Seifenleim nun für insgesamt 2,5-3 Stunden bei 90°C in den Backofen stellen. Alle 45 Minuten umrühren.

- Die Masse ist fertig verseift, wenn sie eine gelartige, leicht transparente Form angenommen hat. Nun wird die Seife mit 400g der Pflanzentinktur gelöst.

- Nachdem Du die Tinktur zur Seife gegossen hast, rührst Du am besten zunächst per Hand um. Der Topf sollte bei kleiner Hitze auf dem Herd stehen. Lass alles etwas erwärmen und setz dann einen Deckel auf den Topf, atme die alkoholischen Dämpfe nicht ein und lüfte gut.

- In einem weiteren Topf erhitzt Du die restlichen 150g der Tinktur auf ca. 60°C und gibst das Glyzerin hinzu.

- Die Seifenlösung kann nun mit einem Stabmixer durchgerührt werden, damit sich die ganze Seife löst und eine homogene Masse entsteht.

- Zunächst wird alles noch etwas trüb sein, aber mit der Zeit setzt sich oben eine schaumige Schicht ab unter der die Lösung klar ist. Gib nun die Alkohol-Glyzerinmischung hinzu.

- Nun erwärmst Du die restlichen 170g Wasser bzw. Sud und löst darin 300g Zucker. Diese Zuckerlösung gibst Du schließlich zur Seifenmasse hinzu.

- Zum Schluss gibst Du die Mischung ätherischer Öle aus Grapefruitöl, Rosenduftöl, Geraniumöl und das Vanilleduftöl hinzu. Danach kannst Du die flüssige Seife in Formen gießen, sie braucht nun 24 bis 48 Stunden zum Festwerden.

Tipp: Die Seife ist schneller fest und kann ausgeformt bzw. geschnitten werden, wenn Du sie für einige Stunden ins Tiefkühlfach legst.

Das Feuerfest im August wird auch als Schnitterfest bezeichnet und steht für den Beginn der Erntezeit. Der Ausdruck Lammas für dieses Fest bezieht sich auf die Feier des ersten Brotlaibes, denn besonders Weizen und Körner sind nun reif und lassen sich ernten und verarbeiten. Es wird dem Feuergott Lugh geopfert während der Herbst vor der Tür steht. Die schwarze **Johannisbeere** erreicht jetzt ihre Reifezeit, ebenso wie der schwarze Holunder. Seit jeher sind diese Pflanzen für ihre starken magischen Kräfte bekannt.

Die **Sonnenblume**, die ebenfalls im August ihre reifen Kerne preisgibt, ist das letzte Symbol des Lichts und der Sonne, die nun verwelkt. **Grapefruit** macht uns frei uns leicht, sie öffnet den Weg um neue Kraft für Herbst und Winter zu schöpfen. Die **Rose** besänftigt uns und macht uns zugänglich für Liebe und die Schönheit des Lebens. **Geranium** unterstützt diese Wirkung und lässt uns in uns Ruhen, der Dinge harren die, da kommen werden.

Myrrhe öffnet uns schließlich die Tür zur inneren Welt und führt uns zum inneren Frieden. Die **Besenheide** ist der purpurne Mantel des Lug. Sie dient als Glücksbringer und wird auch zur Geisterbeschwörung verwendet.

Ritualkräuter	Getreidehalme, Maisstängel, Alpenveilchen, Bockshornklee, Weihrauch, Heidekraut, Stockrose, Myrte, Eichenblätter, Sonnenblume und Weizen.
Räucherwerk	Aloe, Rose, Grapefruit, Heide, Myrrhe, schwarze Johannisbeere und Sandelholz.
Edelsteine	Aventurin, Citrin, Peridot, Sardonyx.
Gottheiten	Lugh, Demeter, Ceres.
Farben	Gelb, Orange, Grün, Hellbraun.
Speisen	Brote (Weizen, Hafer, Roggen, Mais), Gerstenkuchen, Nüsse, Wildbeeren, Äpfel, Reis, Pflaumen, Lammbraten, schwarzer Johannisbeerkuchen, Holunderbeerwein.

Diese Rose pflück ich hier, in der fremden Ferne,
liebes Mädchen, dir, ach dir, brächt ich sie so gerne!.
Doch bis ich zu dir mag ziehn, viele weite Meilen,
ist die Rose längst dahin, denn die Rosen eilen.
Nie soll weiter sich ins Land, Lieb von Liebe wagen,
als sich blühend in der Hand, Lässt die Rose tragen.

NIKOLAUS LENAU (1802 - 1850)

Mabon

200g Haselnussöl
200g Maiskeimöl
200g Kürbiskernöl
200g Kokosöl
200g Babassuöl

20g   Salbeiöl
15g   Bergamotteöl
5g   Kiefernnadelöl
10g   Lavendelöl

146g Natriumhydroxid (NaOH)
350g Wasser

1 EL Salbeiblätter
1 Handvoll Kiefernnadeln
1 EL rote Tonerde
1 EL Annattosaat

- Die Salbeiblätter und die Kiefernnadeln einige Wochen vorher in Maiskeimöl einlegen und somit ein Mazerat herstellen. Das Mazerat nun abseihen und 200g Öl abwiegen.

- Die Lauge aus NaOH und Wasser anrühren und abkühlen lassen.

- Die festen Fette (Kokos- und Babassu) bei geringer Hitze im Topf schmelzen lassen, anschließend die weiteren Öle hinzugeben und alles auf Handwärme abkühlen lassen.

- Lauge und Fette vermischen und mit dem Pürierstab nicht ganz bis zum Puddingstadium mixen.

- Die ätherischen Öle am besten mit einer kleinen Menge Öl anmischen und nun in den Seifenleim rühren.

- Nun den Seifenleim auf drei Teile aufteilen, jeweils zu einer die Tonerde bzw. die Annattosaat geben (vorher mit etwas Wasser verrühren), ein Teil bleibt ungefärbt.

- In eine Blockform längs einen Steg einsetzen und somit auf zwei Kammern aufteilen. Die Seifenleime abwechselnd in die Kammern der schräg gestellten Form gießen.

- Die Seife etwa 24 Stunden festwerden lassen, dann ausformen und in Stücke schneiden.

Tipp: Anleitungen und Videos zur Marmorierung findest Du im Internet beispielsweise unter dem Stichwort „Topfmarmorierung".

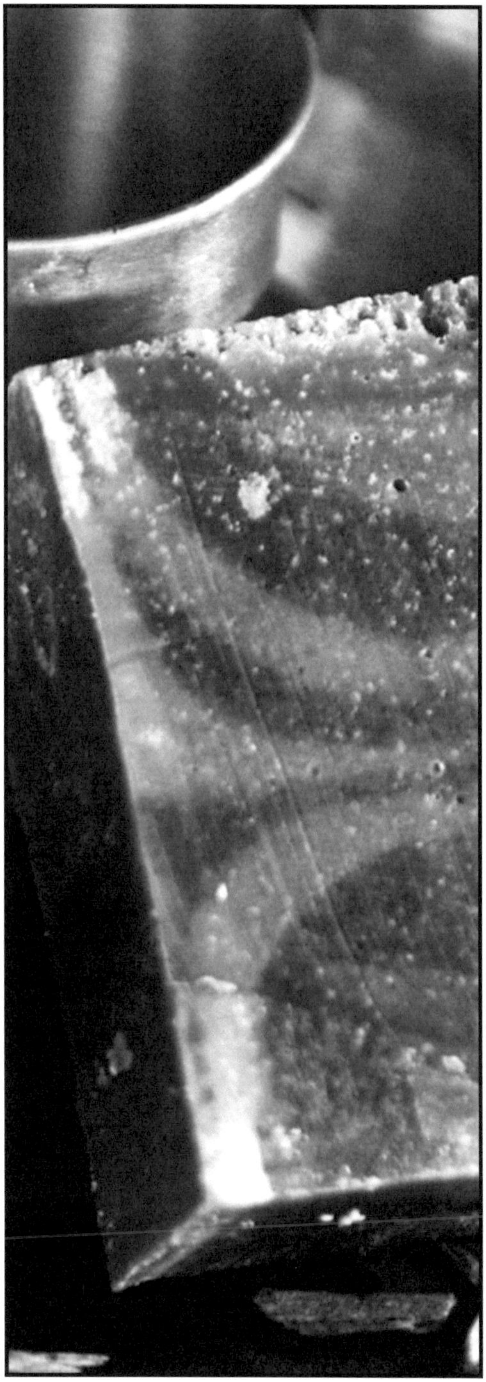

Die Herbsttagundnachtgleiche ist die Zeit von Mabon. Noch immer ist Erntezeit, zumeist von Obst, Nüssen und Wein. Der Natur schwindet langsam die Kraft, die Abende werden dunkler und die Nächte länger, es beginnt die Zeit der häuslichen Handarbeiten. Zu den geernteten Nüssen zählt auch die **Haselnuss**, aber auch **Kürbisse** sind jetzt reif.

Die **rote Tonerde** steht für die nun brachliegenden Felder nach der Ernte. Auch die **Annattosaat** unterstützt das rot der untergehenden Sommersonne in dieser Zeit. **Salbei** steht für das Element Luft und schenkt uns innere Kraft und das Vertrauen in die eigene Stärke.

Bergamotte hat eine ausgleichende Wirkung und lässt uns zuversichtlich und klar in die Zukunft schauen. Die **Kiefer** bringt neue Kraft bei Erschöpfung und stärkt uns für die kalte Jahreszeit. In den Wintermonaten dienen verräucherte Kiefernnadeln auch zur Reinigung des Hauses und dem Schutz seiner Bewohner.

Lavendel ist eine höchst magische Pflanze, sie dient der Liebe aber auch bei Schlaflosigkeit ist sie hilfreich. Lavendel schützt vor dem bösen Blick und wird bei Reinigungen verwendet.

Ritualkräuter	Eicheln und Eichenblätter, Astern, Benzoe, Farne, Geißblatt, Ringelblume, Schwalbenwurzgewächs, Mummel, Myrrhe, Passionsblume, Pinie, Rose, Salbei, Salomonssiegel, Hasel, Mais, Kiefernzapfen und Disteln.
Räucherwerk	Benzoe, Myrrhe, Kiefer und Salbei.
Edelsteine	Karneol, Lapislazuli, Saphir und gelber Achat.
Gottheiten	Persephone und Thor.
Farben	Orange, Dunkelrot, Gelb, Blau und Braun.
Speisen	Rote Weine, Melonen, Kuchen, Nüsse, Gemüse, Wurzeln (Karotten, Zwiebeln, Kartoffeln), Granatapfel, Bohnen, Mais, Kürbis und Äpfel.

*Leuchtend blühet Salbei ganz vorn am Eingang des Gartens,
süß von Geruch, voll wirkender Kräfte und heilsam zu trinken.
Manche Gebrechen der Menschen zu heilen, erwies sie sich nützlich,
ewig in grünender Jugend zu stehen, hat sie sich verdient.*

WALAHFRID STRABO (UM 808-849)

-

HORTULUS

Gesundheit

400g Palmöl
200g Sonnenblumenöl
100g Avocadoöl
100g Hanföl
100g Kokosöl
100g Rizinusöl

10g Geraniumöl
10g Niauliöl
5g Zedernholzöl
5g Thymianöl
5g Majoranöl

135g Natriumhydroxid (NaOH)
520g Wasser
550g Pflanzen- und Harztinktur
260g Glyzerin
300g Zucker

1 Handvoll getrocknete Rosenblätter
1 TL Kiefernharz
1 TL Myrrhe
1 Tonkabohne

- Myrrhe, Rosenblätter, Kiefernharz und die Tonkabohne mit ca. 600ml Isopropylalkohol übergießen, um eine Tinktur herzustellen. Diese muss nun ca. 2 Wochen ziehen, dann kannst Du sie durch ein Tuch abseihen.

- Die Lauge mit NaOH und 350g Wasser anrühren. Die festen Fette (Palmöl und Kokosöl) bei geringer Hitze auf dem Herd schmelzen lassen, danach die anderen fetten Öle hinzugeben.

- Die Lauge zu den Fetten geben und mit dem Stabmixer bis zum Puddingstadium rühren. Den Topf mit dem Seifenleim nun für insgesamt 2,5-3 Stunden bei 90°C in den Backofen stellen. Alle 45 Minuten umrühren.

- Die Masse ist fertig verseift, wenn sie eine gelartige, leicht transparente Form

angenommen hat. Nun wird die Seife mit 400g der Tinktur gelöst.

- Nachdem Du die Tinktur zur Seife gegossen hast, rührst Du am besten zunächst per Hand um. Der Topf sollte bei kleiner Hitze auf dem Herd stehen. Lass alles etwas erwärmen und setz dann einen Deckel auf den Topf, atme die alkoholischen Dämpfe nicht ein und lüfte gut.

- In einem weiteren Topf erhitzt Du die restlichen 150g der Tinktur auf ca. 60°C und gibst das Glyzerin hinzu.

- Die Seifenlösung kann nun mit einem Stabmixer durchgerührt werden, damit sich die ganze Seife löst und eine homogene Masse entsteht.

- Zunächst wird alles noch etwas trüb sein, aber mit der Zeit setzt sich oben eine schaumige Schicht ab unter der die Lösung klar ist. Gib nun die Alkohol-Glyzerinmischung hinzu.

- Nun erwärmst Du die restlichen 170g Wasser bzw. Sud und löst darin 300g Zucker. Diese Zuckerlösung gibst Du schließlich zur Seifenmasse hinzu.

- Zum Schluss gibst Du die Mischung ätherischer Öle hinzu. Danach kannst Du die flüssige Seife in Formen gießen, sie braucht nun 24 bis 48 Stunden zum festwerden.

Die **Sonnenblume** steht für Fruchtbarkeit, Gesundheit und Weisheit. Die Kerne der **Avocado** sind der Schönheit dienlich, während **Hanföl** die Heilung des Körpers fördert: seine intensiv grüne Farbe steht für Heilung, Ausgeglichenheit und Harmonie.

In Reihen selbst gezogene **Geranien** haben eine hohe Schutzwirkung und stärken die Gesundheit. **Niauliöl** wirkt antiseptisch und besitzt so eine ganz praktische Wirksamkeit gegen Erkältungen oder Hauterkrankungen. Es klärt außerdem den Geist und hilft bei Erschöpfung. **Zedernholz** wird vor allem in Räucherungen verwendet, schon die Indianer verwendeten diese Räucherungen gegen Erkältungskrankheiten.

Thymian ist eine Pflanze, die seit je her für Heilzauber verwendet wird. Neben der Förderung der Gesundheit besitzt Thymian auch intensiv reinigende Eigenschaften. Ein magisches Reinigungsbad im Frühling hilft neue Kraft zu schöpfen und alte Krankheiten hinter sich zu lassen. Eine ähnliche Wirkung besitzt auch der **Majoran**, im Winter kann man ihn außerdem in einem Amulett bei sich tragen, um sich vor Krankheiten zu schützen. **Kiefer** und **Myrrhe** dienen ebenfalls der Reinigung und der Heilung. **Rosenblätter** werden gerne in Heilzaubern verwendet, die Rose steht neben der Liebe für Heilung, Glück und Schutz. Die **Tonkabohne** unterstützt die anderen Kräuter durch ihre Assoziation mit Mut, Kraft und neuer Energie.

Ritualkräuter	Hopfen, Eukalyptus, Geranie, Kiefer, Majoran, Minze, Rose, Zimt, Zypresse.
Räucherwerk	Myrrhe, Nelken, Rosmarin, Sandelholz, Thymian, Zeder, Zypresse.
Planeten	Sonne, Saturn.
Tage	Freitag, Sonntag.
Farben	Grün, Rot und Gelb.
Speisen	Grüner Salat, Schnittlauch, Petersilie, Brennessel.

Er nahm ein getrocknetes Kraut von der Wand
und legte Ihr die Blätter auf die Hand,
sodass sie ruhiger wurde
und verständliche Worte in langsam ziehenden,
durchschneidenden Tönen summte.

GEORG BÜCHNER (1813—1837)
-
LENZ

Glück

300g Mandelöl
200g rotes Palmöl
180g Kakaobutter
180g Kokosöl
100g Rizinusöl
40g Sanddornfruchtfleischöl

10g Bergamotteöl
20g Vanilleduftöl
10g Lavendelöl
10g Mandarinenöl
10g Ylang-Ylang

140g Natriumhydroxid (NaOH)
350g Wasser

1 TL Zimtpulver
1 EL Johanniskraut
1 EL Kamillenblüten

- Das Johanniskraut und die Kamillenblüten einige Wochen vorher in Mandelöl einlegen und somit ein Mazerat herstellen. Das Mazerat nun abseihen und 300g Öl abwiegen.

- Die Lauge aus NaOH und Wasser anrühren und abkühlen lassen. Wenn Du möchtest, kannst Du auch einen abgekühlten Sud aus Johanniskraut und Kamillenblüten verwenden.

- Die festen Fette (Kokos-, Palmöl und Kakaobutter) bei geringer Hitze im Topf schmelzen lassen, anschließend die weiteren Öle hinzugeben und alles auf Handwärme abkühlen lassen.

- Lauge und Fette vermischen und mit dem Pürierstab nicht ganz bis zum Puddingstadium mixen.

- Die ätherischen Öle am besten mit einer kleinen Menge Öl anmischen und nun in den Seifenleim rühren.

- Nun den Seifenleim auf zwei Teile aufteilen. Zu einem Teil kommt das Zimtpulver hinzu (am besten vorher mit etwas Öl glattrühren), der zweit Teil bleibt ungefärbt.

- Die beiden Leime durcheinander wieder in den Topf zurückgießen, noch grob mit einem Kochlöffel durchfahren, dann die Masse in eine Blockform gießen.

- Die Seife etwa 24 Stunden festwerden lassen, dann ausformen und in Stücke schneiden.

Tipp: Anleitungen und Videos zur Marmorierung findest Du im Internet beispielsweise unter dem Stichwort „Topfmarmorierung".

Glück ist etwas, das jeder anstrebt im Leben, wobei es doch für jeden eine ganz andere Bedeutung haben kann. Somit gibt es kein Universalrezept zum glücklich sein, für den einen bedeutet Wohlstand Glück, für den anderen Gesundheit oder auch Liebe, die ein essentieller Teil des Glücks sein können.

Die magische Kraft der **Mandel** wird seit jeher zum Gelingen von Unternehmungen verwandt, sie zieht Wohlstand und Weisheit an. Die sonnengelben **Sanddornfrüchte** symbolisieren die Sonne und das helle und schöne, darüber hinaus enthalten sie viel Vitamin C und wirken heilend und besänftigend auf die Haut. Auch **Johanniskraut** ist seit langer Zeit für seine Stimmungsaufhellende Wirkung bekannt, es steht für den Planeten Sonne und verleiht Stärke und Fröhlichkeit. Ein schönes Zusammenspiel entsteht durch die heilenden und beruhigenden **Kamillenblüten**, sie stehen ebenfalls für die Sonne und dienen der Auflösung von Flüchen sowie der Anziehung von Geldmitteln und Liebe. **Bergamotte** ist ebenfalls eine Sonnenpflanze, sie ist fruchtig, warm und frisch, wirkt je nach Ausgangslage anregend oder auch beruhigend und ausgleichend. Die **Vanille** unterstützt diese Wirkung durch ihren balsamischen Duft, sie fördert neben Liebe und Lust auch die intellektuellen Fähigkeiten und regt den Geist an. **Lavendel** fördert ein langes Leben sowie Fröhlichkeit und Frieden, das Kraut kann vor dem bösen Blick schützen und wird in Mixturen zur Heilung und Reinigung verwendet. Das **Mandarinenöl** fördert Heiterkeit und löst Verspannungen. Der frische Duft harmoniert mit **Ylang-Ylang**, das blockierte Gefühle löst, euphorisiert aber auch als Aphrodisiakum gilt und entspannend und beruhigend wirkt. **Zimt** wirkt ähnlich wie Ylang-Ylang und wärmt innerlich, entspannt und sorgt für positive Gefühle.

Ritualkräuter	Apfelsine, Kamille, Lavendel, Mandarine, Zimt.
Räucherwerk	Bergamotte, Jasmin, Ylang-Ylang, Neroli.
Planeten	Venus, Jupiter.
Tage	Freitag, Donnerstag.
Farben	Orange, Grün und Rot.
Speisen	Schokolade, Walnüsse, Äpfel, Birnen, Hagebutten, Ingwer, Kürbis, Radieschen, Tofu.

Im Mittagsgleiß die Blüte brich,
Johanniskraut, Blutweiderich.
Schafgarbenblüh, Basilikraut,
Kamill und Linde duften laut.
Die Sonne brennt, der Heuwind streicht,
das Haar fällt frei, die Kleider leicht.
Und Lust aus allen Tümpeln lacht,
weit wird der Sinn und wild die Nacht.
Misch Tausendgüldenkraut darein,
Storchschnabel, Salbei Rosmarein,
und achte auf die Sternenbahn,
damit das Kraut auch heilen kann.

HUBERT WEINZIERL (1935)

-

NATURALIEN-KABINETT

Schutz

200g Rapsöl
200g Mariendistelöl
200g Kokosöl
200g Babassuöl
140g Borretschöl
60g Brennnesselsamenöl

20g Patschouliöl
10g Lavendelöl
10g Vetiveröl
5g Anisöl
5g Zedernholzöl

148g Natriumhydroxid (NaOH)
350g Wasser

1 EL Kiefernnadeln
1 EL Salbeiblätter
2 Stängel Rosmarin
1 EL gemahlener Beifuß
1 TL Kakaopulver

- Zunächst Kiefernnadeln, Salbeiblätter und Rosmarin für etwa 2 Wochen in Rapsöl einlegen und somit ein Mazerat herstellen. Das Öl abseihen und 200g abmessen.

- Die Lauge aus NaOH und Wasser anrühren und abkühlen lassen. Wenn Du möchtest, kannst Du auch einen abgekühlten Sud aus Salbei und Rosmarin verwenden.

- Die festen Fette (Kokos- und Babassuöl) bei geringer Hitze im Topf schmelzen lassen, anschließend die weiteren Öle hinzugeben und alles auf Handwärme abkühlen lassen.

- Lauge und Fette vermischen und mit dem Pürierstab nicht ganz bis zum Puddingstadium mixen.

- Die ätherischen Öle am besten zunächst mit einem kleinen Rest

Rapsöl verrühren und dann zum Seifenleim geben.

- Nun den Seifenleim auf drei Teile aufteilen. Jeweils einen Teil mit gemahlenen Beifuß und Kakaopulver färben, ein Teil bleibt ungefärbt.

- Eine Blockform mit länglichen Stegen (können auch aus Pappe sein) in drei Kammern trennen, die Seifenleime einfüllen und die Trennstege entfernen. Nun mit einem Holzstäbchen senkrecht zu den parallelen Farben marmorieren.

Tipp: Anleitungen und Videos zur Marmorierung findest Du im Internet beispielsweise unter dem Stichwort „Taiwan Swirl".

Der Legende nach sollen die weißen Flecken auf den Blättern der **Mariendistel** Milch von der Jungfrau Maria sein. Deren schützende Hand spüren wir dank des Mariendistelöls auf unserer Haut.

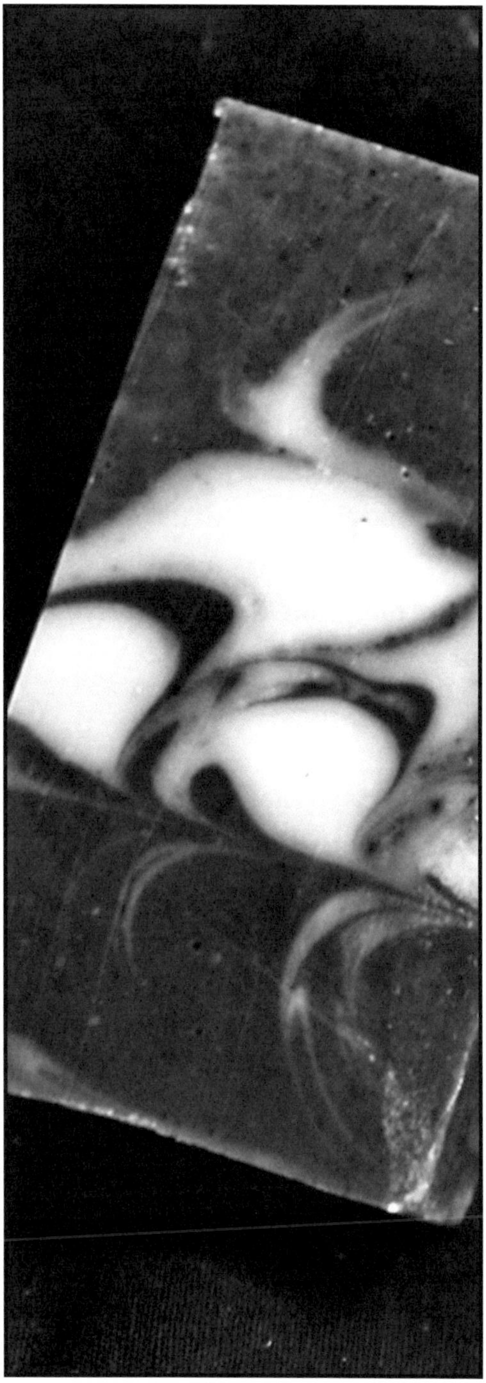

Borretsch symbolisiert nicht nur Fröhlichkeit, sondern sein reichhaltiges Öl schützt und heilt auch unsere Haut und somit unseren Körper. Auch das **Brennnesselsamenöl** ist ein wertvoller Pflegestoff zum Schutz unserer Haut. In der Magie macht man sich bereits seit sehr langer Zeit die schutzbringenden Kräfte der Brennnessel zunutze. Brennnesseln im Haus schützen vor Flüchen, wirft man das Kraut ins Feuer, hilft es dabei, Gefahren abzuwehren.

Patschouli ist ein durch und durch magisches Kraut, das für viele Arten der Magie verwandt wird. Sein erdiger Duft verleiht Sicherheit und Kraft, nicht zuletzt hat es auch antiseptische Wirkung und kann daher gut zur Hautpflege eingesetzt werden.

Das mediterran duftende **Lavendelöl** gleicht die Energien aus, es schützt uns vor Stress, stärkt die Nerven und beruhigt unser Gemüt.

Rosmarin harmoniert hervorragend mit diesem Öl, es erweckt neuen Lebenswillen und steigert unser natürliches Selbstbewusstsein. Der **Salbei** unterstützt dieses Spiel und fördert ebenfalls das Selbstbewusstsein, es schützt vor schlechten äußeren Einflüssen und bringt mit seinem assoziierten Element Luft eine frische Leichtigkeit.

Der **Beifuß** ist ein altes Schamanenkraut, das neben Schutz auch Stärke, Heilung und übersinnliche Fähigkeiten befördern soll. Die Germanen trugen Gürtel aus Beifuß, die gegen Zauberei und böse Dämonen helfen sollten.

Das frische **Vetiveröl** wird aus der Wurzel gewonnen und erdet uns, bringt uns zur Ruhe und unterstützt uns bei Stress und Nervosität. Ganz ähnliche Wirkungen haben das herb-krautige **Anisöl** und das **Zedernholzöl**.

Ritualkräuter	Kiefer, Anis, Basilikum, Geranie, Lavendel, Majoran, Pfefferminz, Salbei, Zimt.
Räucherwerk	Eukalyptus, Patschouli, Rosmarin, Vetiver, Zeder.
Planeten	Sonne, Mars und Saturn.
Tage	Samstag, Montag.
Farben	Blau, Braun.
Speisen	Sprossen, Wildpflanzen, Nüsse, Kräuter, rote Früchte.

Wenn Ihr an Nesseln streifet, so brennen sie,
doch wenn ihr fest sie greifet, sie brennen nie.
So zwingt ihr Feinen
Auch die gemeinen
Naturen nie.
Doch presst ihr wacker
wie Nussaufknacker,
so zwingt ihr sie.

Friedrich Rückert (1788—1866)

Erfolg

300g Olivenöl
200g Traubenkernöl
200g Kokosöl
100g Johannisbeersamenöl
150g Palmöl
50g Rizinusöl

20g Ingweröl
10g Bergamotteöl
10g Muskatnussöl
10g Patschouliöl

135g Natriumhydroxid (NaOH)
350g Kamillensud

2 Handvoll Kamillenblüten
7 Salbeiblätter
1 Vanilleschote

1 TL Alkannawurzelpulver
1 TL Kurkuma
1 TL gemahlener Basilikum

- Zunächst Kamillenblüten, Salbeiblätter und die Vanilleschote für etwa 2 Wochen in Olivenöl einlegen und somit ein Mazerat herstellen. Das Öl abseihen und 300g abmessen.

- Etwa 450ml Wasser mit Kamillenblüten kurz aufkochen, dann 10 Minuten ziehen lassen. Den Sud durch ein Sieb geben, abkühlen lassen und 350ml abmessen. Die Lauge aus NaOH und Kamillensud anrühren und wiederum abkühlen lassen.

- Die festen Fette (Kokos- und Palmöl) bei geringer Hitze im Topf schmelzen lassen, anschließend die weiteren Öle hinzugeben und alles auf Handwärme abkühlen lassen.

- Lauge und Fette vermischen und mit dem Pürierstab nicht ganz bis zum Puddingstadium mixen.

- Die ätherischen Öle am besten zunächst mit einem kleinen Rest Olivenöl verrühren und dann zum Seifenleim geben.

- Nun den Seifenleim auf drei Teile aufteilen. Jeweils einen Teil mit gemahlenem Basilikum, Alkannawurzelpulver und Kurkuma färben.

- In eine feste Chipsdose einen Trichter hängen und die Seifenleime abwechselnd einfüllen. Anschließend kann noch mit einem Stäbchen hin- und her marmoriert werden.

- Nach 24 bis 48 Stunden die Chipsdose einschneiden und vorsichtig von der Seife abziehen, diese sollte dann noch etwas weiter trocknen dürfen, ehe sie gut geschnitten werden kann.

Tipp: Anleitungen und Videos zur Marmorierung findest Du im Internet beispielsweise unter dem Stichwort „Trichtermarmorierung".

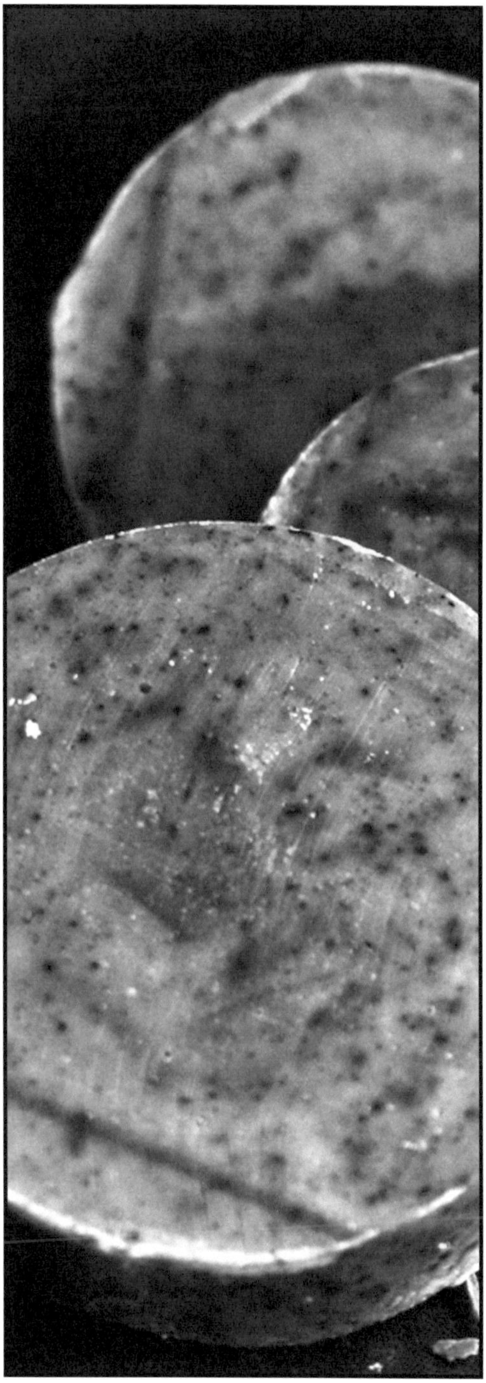

Mit Erfolg verbinden viele Menschen das Glück im privaten Leben, aber besonders beruflicher Erfolg sowie daraus resultierender Wohlstand ist für viele mit diesem Begriff verknüpft.

Die **Olive** steht für den Planeten Sonne und das Element Feuer, somit ein fantastischer Begleiter für ihren Weg des Lebens. Sie steht für Heilung, Frieden und Fruchtbarkeit, alles was in der einen oder anderen Weise wichtige Grundlagen für unseren Erfolg bedeuten können. Die **Traube** fördert intellektuelle Fähigkeiten, stärkt den Geist und dient der Anziehung von Geldmitteln. Die **Johannisbeere** dient der Huldigung der dreifachen Göttin, da sie in den drei Farben weiß, rot und schwarz vorkommt. Das Öl der Samen ist besonders zur Hautpflege gut geeignet.

Das frische **Ingweröl** hilft dabei, mit einem freien Kopf Entscheidungen zu treffen sowie Blockaden zu überwinden und fördert damit den Erfolg.

Bergamotte hat eine ausgleichende Wirkung und lässt uns zuversichtlich und klar in die Zukunft schauen. **Muskatnussöl** ist ein Allrounder, wenn es um negative Stimmungen geht. Das Öl vertreibt negative Kräfte und Gedanken, ist hilfreich wenn man sich überfordert fühlt und unterstützt in Belastungssituationen. **Patschouliöl** unterstützt diese Wirkung, es unterstützt bei Unklarheiten und Selbstzweifeln, verleiht Mut und öffnet Tore ins Unterbewusstsein, die uns neue Wege eröffnen.

Vanille hingegen spendet uns Trost, beruhigt uns und lässt uns stark und geerdet weitermachen. **Basilikum** ist eine klassische Hexenpflanze, sie vermittelt bei Streitigkeiten, sorgt für Wohlstand und Schutz, aber auch in Liebesdingen kann sie anregend und förderlich wirken.

Ritualkräuter	Basilikum, Kamille, Ingwer, Muskatnuss, Salbei.
Räucherwerk	Bergamotte, Patschouli, Vetiver, Zeder.
Planeten	Merkur, Mars.
Tage	Samstag, Donnerstag.
Farben	Violett, Grün, Gelb und Orange.
Speisen	Oliven, Weintrauben, Basilikum, echte Vanille.

Zwar, man spricht von einer Waldfrau,
irgendwo im blauen Grunde,
einer Heidin, sondrer Dinge
hat sie sonderbare Kunde.
Wohlvertraut mit allen Rätseln
aller Kräuter und Gewächse,
weiß sie Heiltrank zu bereiten
und man nennt sie: eine Hexe.

FRIEDRICH WILHELM WEBER (1813—1894)

-

DREIZEHNLINDEN

Liebe

300g Sojaöl
200g Wildrosenöl
200g Kokosöl
150g rotes Palmöl
100g Jojobaöl
50g Rizinusöl
50g Holunderkernöl

20g Rosenduftöl
20g Geraniumöl
10g Lavendelöl
7g Ylang-Ylang Öl
7g Niauliöl

138g Natriumhydroxid (NaOH)
350g Wasser

1 Handvoll Rosenblätter und Jasminblüten
1 Zimtstange
1 Vanilleschote
1 Messerspitze rotes Kosmetikpigment

- Rosenblätter, Jasminblüten, Zimtstange und Vanilleschote etwa 2 Wochen vorher in Sojaöl einlegen und somit ein Mazerat herstellen. Das Mazerat nun abseihen und 300g Öl abwiegen.

- Die Lauge aus NaOH und Wasser anrühren und abkühlen lassen. Wenn Du möchtest, kannst Du auch Holunderbeersaft verwenden.

- Die festen Fette (Kokos- und Palmöl) bei geringer Hitze im Topf schmelzen lassen, anschließend die weiteren Öle hinzugeben und alles auf Handwärme abkühlen lassen.

- Lauge und Fette vermischen und mit dem Pürierstab nicht ganz bis zum Puddingstadium mixen.

- Die ätherischen Öle bzw. Duftöle am besten mit einer kleinen Menge Öl anmischen und nun in den Seifenleim rühren.

- Nun den Seifenleim auf zwei Teile aufteilen. Zu einem Teil kommt etwas rotes Kosmetikpigment zur Färbung hinzu.

- Zunächst den roten, dann den ungefärbten gelb-orangen Seifenleim in eine Blockform gießen, wer einen verwischten Farbübergang erreichen möchte, kann noch etwas mit einem Holzstäbchen marmorieren. Wenn Du eine sehr exakte Farbkante erreichen willst, muss Du den Seifenleim erst relativ fest werden lassen ehe er eingefüllt wird, damit die Farben sich nicht zu stark mischen.

- Die Seife etwa 24 Stunden festwerden lassen, dann ausformen und in Stücke schneiden.

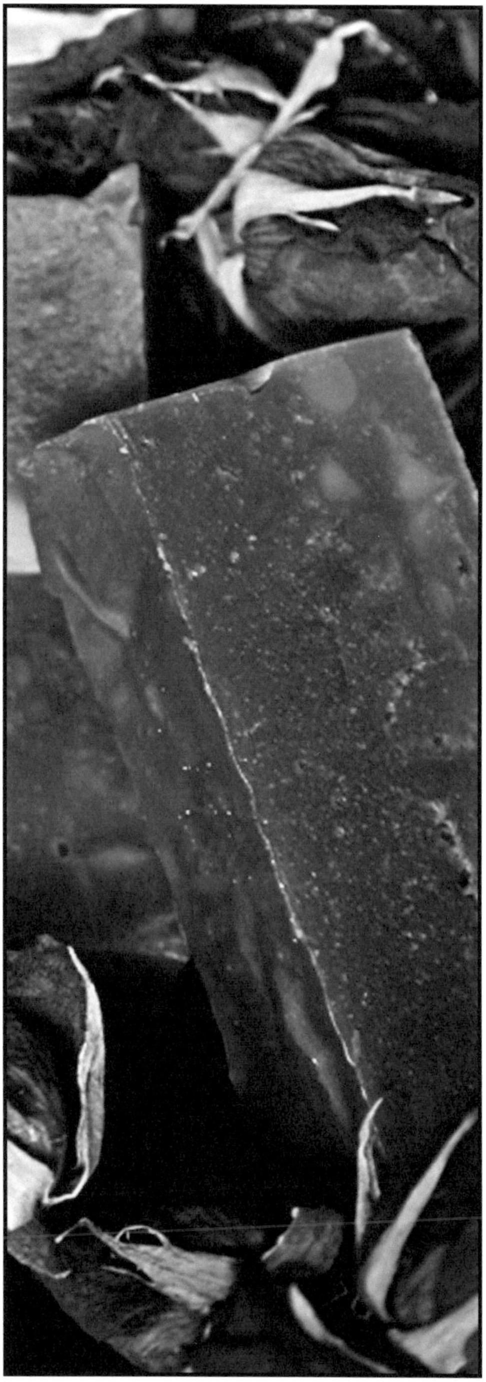

Die Liebe.... Wohl zu keinem anderen Zweck wurde soviel Hexerei betrieben. Trotz allem sollte man natürlich immer im Hinterkopf haben, dass niemand gegen seinen Willen zu seinem „Glück" gezwungen werden darf. Aber einige Liebesfördernde Kräuter und Düfte können durchaus eine verbindende Wirkung haben. **Sojaöl** ist die Pflanze der Jugendlichkeit und Schönheit, durch seine Phytohormone erhält sie den Körper sowie die Haut in Form von pflegendem Öl geschmeidig und schön.

Das **Wildrosenöl** ist entsprechend der Bedeutung der **Rose** die bekannteste und schönste **Liebespflanze**. Ihr Öl wirkt erotisierend und öffnet das Herz, dazu pflegt es noch die Haut. **Geraniumöl** harmoniert hervorragend mit Rosenduft, da er selbst blumig und frisch ist. Das Öl hebt die Stimmung und zeigt uns die schönen Seiten des Lebens, und was könnte schöner sein als die Liebe?

Auch **Lavendel** unterstützt diese Wirkung, es wirkt ebenfalls ausgleichend und besänftigend aber auch erfrischend und anregend. Ebenfalls einen liebesfördernden Duft spendet uns **Ylang-Ylang**, das blockierte Gefühle wieder in Schwung bringt, aphrodisierend wirkt und sogar bei Impotenz und Frigidität helfen soll. Der **Jasmin** zeigt uns unsere eigene Sinnlichkeit und Schönheit, denn zuallererst müssen wir lernen, uns selbst zu lieben.

Der **Holunder** ist mit dem Planeten Venus assoziiert, er schützt vor bösen Wünschen und bewahrt uns vor der Versuchung des Fremdgehens. **Niauliöl** hilft uns dabei, die richtigen Entscheidungen in Sachen Liebe zu treffen. Es bringt Klarheit, schafft Abhilfe bei Verwirrtheit und macht uns zielstrebig. **Zimt** fördert das körperliche Wohlbefinden und die **Vanille** umarmt uns mit ihrem warmen, erotisierenden Duft.

Ritualkräuter	Holunder, Basilikum, Geranie, Jasmin, Lavendel, Majoran, Rose, Zimt.
Räucherwerk	Niauli, Rosmarin, Thymian, Vanille, Ylang-Ylang.
Planeten	Mond, Venus.
Tage	Dienstag, Freitag.
Farben	Rot, Rosa und Grün.
Speisen	Schokolade, Erdbeeren, Austern, Ingwer, Bananen, Granatapfel, Vanille, Chili, Spargel, Trüffel.

*Doch während er und sein Geleit
sich fertig machten und bereit,
braute Frau Isot indes
in einem kleinen Glasgefäß
einen Trank der Minne,
den sie mit weisem Sinne,
mit feiner Wissenschaft erdacht
und dann mit Zauberkunst vollbracht:*

*Es mussten die ihn tranken,
in Herzen und Gedanken
sich lieben wieder Willen
in Sehnsucht nicht zu stillen,
Eins fortan in Glück und Not,
Eins im Leben und im Tod.*

GOTTFRIED VON STRASSBURG (UM 1210)

-

TRISTAN UND ISOLDE

Reinigung

400g Olivenöl
200g Sheabutter
200g Babassuöl
200g Distelöl

10g   Rosmarinöl
10g   Thymianöl
10g   Lavendelöl
7g   Salbeiöl
5g   Geraniumöl

135g Natriumhydroxid (NaOH)
200g Wasser
200g Sole aus Meersalz

1 Handvoll Birkenblätter
Schale einer halben Orange
1 TL Kohle

- Zunächst die Birkenblätter und die kleingeschnittene Orangenschale für etwa 2 Wochen in Olivenöl einlegen und somit ein Mazerat herstellen. Das Öl abseihen und 400g abmessen.

- Eine Sole herstellen, indem ein ausreichend großes ausgedientes Marmeladenglas zur Hälfte mit Meersalz gefüllt wird. Wasser zum Kochen bringen und dazu gießen bis sich das ganze Salz gelöst hat, solange weiteres Salz hinzugeben, bis schließlich ein kleiner Bodensatz zurückbleibt. Die Lösung ist nun gesättigt, nach dem Abkühlen 200g Sole abmessen (der Bodensatz bleibt zurück) und für das Rezept verwenden.

- Die Lauge aus NaOH und 200ml Wasser herstellen. Wenn alles gelöst und abgekühlt ist, die Sole zur Lauge hinzugeben.

- Die festen Fette (Sheabutter und Babassu) bei geringer Hitze im Topf schmelzen lassen, anschließend Distel- und Olivenöl hinzugeben und alles auf Handwärme abkühlen lassen.

- Lauge und Fette vermischen und mit dem Pürierstab mixen, sodass der Seifenleim noch recht flüssig bleibt.

- Die ätherischen Öle am besten zunächst mit einem kleinen Rest Olivenöl verrühren und dann zum Seifenleim geben. Nun den Seifenleim auf zwei Teile aufteilen. Ein Teil wird mit Kohle gefärbt, diese sollte unbedingt zuvor mit etwas Wasser angerührt werden.

- In eine feste Chipsdose die Vorderseite eines Kunststoff-Schnellhefters so einlegen, dass die typischen Yin und Yang Kammern entstehen. Die zwei Seifenleime möglichst gleichzeitig einfüllen, um ein auslaufen in die andere Kammer zu verhindern.

- Nach 24 bis 48 Stunden die Chipsdose einschneiden und vorsichtig von der Seife abziehen.

Tipp: Anleitungen und Videos zur Marmorierung findest Du im Internet beispielsweise unter dem Stichwort „Yin Yang Cold Process Soap".

Die Reinigung des Körpers aber auch des Geistes dient nicht zuletzt als Vorbereitung auf magische Rituale. Mit dieser Seife kannst Du die Wirkung verschiedenster Reinigungsrituale vereinen: die Reinigung mit Salz, mit Wasser und mit Kräutern. Bereits die alten Griechen und Römer kannten den Wert des **Olivenöls**, es wurde zum Weihen der Altäre aber auch für Salbungen verwendet. **Distelöl** wird seit langem als Pflege bei sehr empfindlicher und trockener Haut angewendet, bekannt sind auch seine entzündungshemmenden Eigenschaften.
Die Distel steht für Schutz, Stärke, Austreibung und Heilung, sie vertreibt finstere Gedanken und befreit den Geist. **Rosmarin** gilt als eine der ältesten Räuchersubstanzen, sein ätherischer Duft setzt stark reinigende Schwingungen frei und darf bei keinem Reinigungsritual fehlen. Ebenso gestaltet sich die Wirkung von **Thymian**, den die alten Griechen schon zur atmosphärischen Reinigung in ihren Tempeln verbrannten.

Ein magisches Bad mit Thymian wäscht Sorgen und Krankheiten der Vergangenheit einfach davon. **Lavendel** ist ebenfalls ein über Jahrhunderte verwendeter Zusatz für Reinigungsbäder, der Duft von Lavendel sorgt für ein langes gesundes Leben. Ebenso der **Salbei**, der auch für Heilzauber verwendet wird. **Geraniumöl** wird heute noch in Mexico von Heilzauberern zur energetischen Reinigung verwendet, es wirkt außerdem ausgleichend und entspannend. **Salz** ist der Inbegriff der Reinigung im magischen Sinn, es wurde über Jahrhunderte tief im Inneren der Erde nur durch die Kraft der Natur gebildet und wird sowohl für die Reinigung von Räumen, des Geistes aber auch des Körpers verwendet.

Ebendiesen Hintergrund hat auch medizinische **Kohle**, die aus Pflanzen gewonnen wird und somit die Erde symbolisiert, die nach einem langen Kreislauf des Lebens wieder zur Erde geworden ist. Die reinigende Kraft der Birke nutzte man hingegen zur Austreibung von Geistwesen, heute kennen wir die Eigenschaften der Birke in Form von Entschlackung und Entgiftung des Körpers.

Ritualkräuter	Birke, Anis, Apfelsine, Geranie, Kamille, Lavendel.
Räucherwerk	Kiefer, Neroli, Rosmarin, Thymian, Ysop.
Planeten	Saturn, Jupiter.
Tage	Montag, Samstag.
Farben	Weiß, Braun und Schwarz.
Speisen	Zitronen, Ingwer, Kohl, Spinat, Knoblauch, Rettich, Artischocken.

Ich weiß einen Berg, da wächst eine Wurzel,
Wer die im Munde hat,
Der wird von allen Krankheiten und allen Wunden geheilt.

KINDER– UND HAUSMÄRCHEN DER GEBRÜDER GRIMM

-

DIE ZWEI BRÜDER

Divination

250g Nachtkerzenöl
250g Kokosöl
200g Schwarzkümmelöl
100g Hanföl
100g Palmkernöl
100g Rizinusöl

15g Patschouliöl
10g Rosmarinöl
5g Verbenaöl
5g Kümmelöl
5g Bergamotte

144g Natriumhydroxid (NaOH)
350g Wasser

1 Zimtstange
1 Vanilleschote
3 Sternanis
1 Muskatnuss
2 TL Bärlappsporen
1 TL Kohle
1 TL Alkannapulver
1 TL Indigo

- Zimtstange, Vanilleschote, Sternanis und Muskatnuss etwa 2 Wochen vorher in Sojaöl einlegen und somit ein Mazerat herstellen. Das Mazerat nun abseihen und 300g Öl abwiegen.

- Die Lauge aus NaOH und Wasser anrühren und abkühlen lassen. Wenn Du möchtest, kannst Du auch Holunderbeersaft verwenden.

- Die festen Fette (Kokos- und Palmkernöl) bei geringer Hitze im Topf schmelzen lassen, anschließend die weiteren Öle hinzugeben und alles auf Handwärme abkühlen lassen.

- Lauge und Fette vermischen und mit dem Pürierstab nicht ganz bis zum Puddingstadium mixen.

- Die ätherischen Öle am besten mit einer kleinen Menge Öl anmischen und nun in den Seifenleim rühren.

- Zwei kleinere Teile des Leims abnehmen und jeweils mit Kohle bzw. Indigo färben. Diese dann in kleine Gefäße mit Spritztülle (z.B. im Bäckereibedarf erhältlich) füllen, um nachher die „Augen" in die Seife zu spritzen. Es können auch leere Fläschchen von Window Color etc. verwendet werden.

- Den restlichen Seifenleim mit Bärlappsporen und Alkannapulver vermischen, dann in eine flache Blockform gießen.

- Nun mit Hilfe der Spritztuben die Punkte in die Seife spritzen. Dazu die Tülle bis zum Boden der Form durch den Leim stechen und beim Herausziehen den farbigen Seifenleim herausdrücken. Die Farben abwechselnd verwenden.

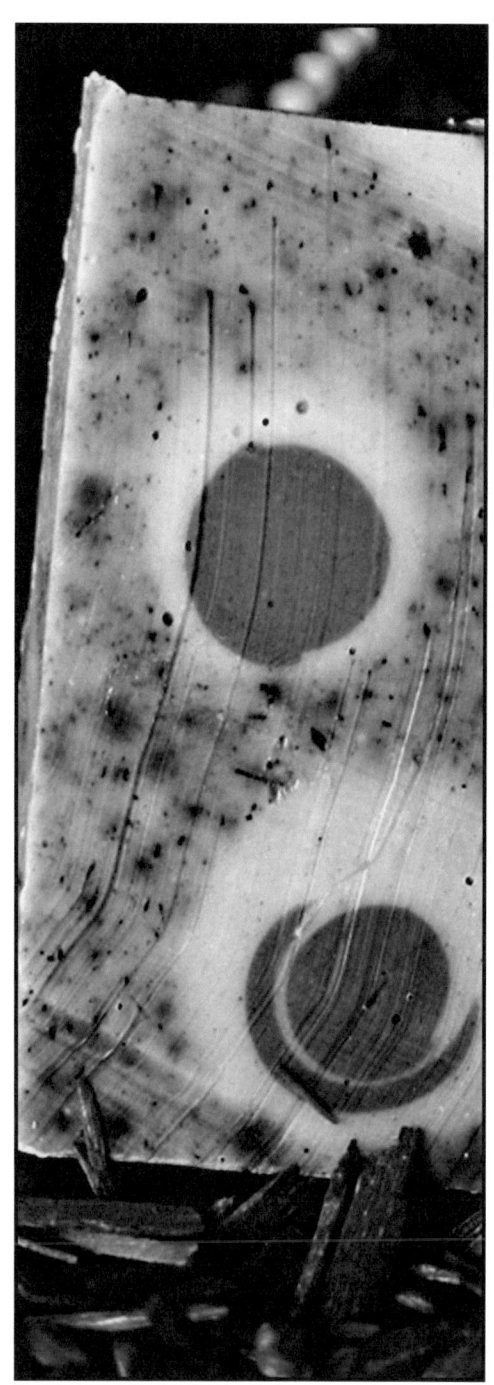

Die **Nachtkerze** war schon den nordamerikanischen Indianern als Heilpflanze bekannt. Das aus ihr gewonnene Öl hat herausragende hautpflegende Eigenschaften dank seines hohen Gehalts an Gamma-Linolensäure. Seit 2000 Jahren wird auch der **Schwarzkümmel** im Orient als Heilpflanze geschätzt, überliefert ist Mohammeds Ausspruch „Schwarzkümmel heilt alles, außer den Tod". Auch heute spielt das wertvolle Öl in der Naturheilkunde noch eine herausragende Rolle im Zusammenhang mit der Behandlung von Allergien und zur Regulierung des Immunsystems. Eine durch und durch magische und wirkungsvolle Pflanze.

Hanföl wird aus den Samen der Cannabis-Pflanzen gewonnen. Hanf wurde schon immer intensiv für magische Räucherungen und Rituale verwenden, es öffnete den Geist für Wahrsagerei und Visionen. **Patschouli** ist ebenfalls ein traditionell angewandtes Räucherkraut, das sich durch seinen erdigen Duft auszeichnet und in uns ein Gefühl der inneren Ruhe und tiefe Verwurzelung mit der Natur auslöst. **Rosmarin** ist bekannt als das klassische Hexenkraut für vielerlei Zwecke. Es setzt starke reinigende Schwingungen frei und fördert unsere intellektuellen Fähigkeiten. Dem Eisenkraut oder auch **Verbena** werden eine Vielzahl an magischen Eigenschaften zugeschrieben. Es gewährt Einblicke in die Zukunft, erfüllt Wünsche und schützt vor Verhexungen. **Kümmel** gilt als Schutzmittel gegen Negativitäten und böse Geister. **Bergamotte** sorgt in jeder Situation für Durchblick und Klarheit. Der **Bärlapp** ist eine der ältesten Schamanenpflanzen. Seine Sporen werden auch „Hexenmehl" genannt, da sie beim Wurf ins Feuer knisternd und blitzend verglühen. Das Kraut pflückten die Druiden in einer Zeremonie, bei der sie sich barfuß und bei Vollmond dem Bärlapp näherten. Später wurde es für diverse Schutzamulette aber auch Heilzauber verwendet.

Ritualkräuter	Anis, Muskatnuss, Zitronengras.
Räucherwerk	Myrrhe, Patschouli, Rosmarin, Sandelholz, Thymian, Vanille, Zimt.
Planeten	Mond, Merkur, Saturn.
Tage	Montag, Sonntag.
Farben	Blau, Lila und Schwarz.
Speisen	Himbeeren, Erdbeeren, Ingwer, Getreidebrei, Pfirsiche.

Mich hat ein Halm gemachet froh,
er sagt ich sollte Gnade finden.
Ich maß ein kleines Stückchen Stroh,
wie ich zuvor es sah bei Kindern.
Nun höret zu und merket auf, ob sie es tu:
Sie tut, tut's nicht, sie tut, tut's nicht, sie tut.
Wie oft ich messen mocht,
stets war das Ende gut.
Das tröstet mich, doch Glaub gehöret auch dazu.

WALTHER VON DER VOGELWEIDE (UM 1170—1230)

Du möchtest eigene Rezepte erstellen oder das ein oder andere Rezept in diesem Buch leicht abwandeln? Dann verwende zur exakten Berechnung der Menge Natriumhydroxid (NaOH) folgende Seifenrechner im Internet:

Seifenrechner

http://www.naturseife.com/Seifenrechner/

http://www.tuula-seifen.de/seifenrechner.php

http://www.soapcalc.net/calc/SoapCalcWP.asp

Literaturtipps

- Cunningham, Scott (2012). Enzyklopädie der magischen Kräuter. Schirner Verlag, Darmstadt.

- Cramm, Sandra (2012). Seifenklassiker: Von Aleppo- bis Zahnseife - mit 100 Rezepten aus 200 Jahren Seifentradition. Books on Demand Verlag, Norderstedt.

- Cramm, Sandra (2013). Kräuterseifen - 24 Rezepte von Ackerschachtelhalm bis Zistrose. Books On Demand Verlag, Norderstedt.

- Cramm, Sandra (2013). Seife sieden für Einsteiger: Schritt-für-Schritt-Anleitungen - einfache Rezepte mit Zutaten aus dem Supermarkt. Books On Demand Verlag, Norderstedt.

- Dunwich, Gerina (2000). Das 1x1 der Hexenkunst: Alles über Kräuter, Träume und Magie für die Hexe von heute. mvg Verlag, Landsberg am Lech.

- Dunwich, Gerina (2001). Hexerei für jeden Tag: Rituale und Feierlichkeiten richtig begehen. mvg Verlag, Landsberg am Lech.

- Katzenbären, Thuirshöggr Hjorvardhr, Drottin Godhhi (1995). Magister Botanicus - Magisches Kreutherkompendium. Esoterischer Verlag Paul Hartmann, Bürstadt.

- Storl, Wolf-Dieter (2010). Die Pflanzen der Kelten: Heilkunde, Pflanzenzauber, Baumkalender. MensSana Knaur Verlag, München.

- van der Sluis, Claudia (2001). Alte Traditionen, moderne Hexen. Hexenwissen im Alltag für Jederfrau und Jedermann. Iris Bücher & mehr, Amsterdam.

Eigene Rezepte, Anmerkungen, Notizen